大丈夫、あなたが一人でも

佛心寺副住職・恩送り代表理事
新田崇信

熊野神社禰宜・日本救急救命士協会会長
鈴木哲司

日本看取り士会会長
柴田久美子

まえがき

２０２０年から広がった新型コロナウイルスの影響で、病院では厳しい面会制限が始まりました。

コロナウイルスに感染していなくても、病院にいる状態では最期の時を愛する家族とともに過ごすことができなくなってしまったのです。

このような状況の中で、「住み慣れた家で最期を迎えさせてあげたい」「自宅で看取りたい」と願うご家族が増えてきており、日本看取り士会へのご相談も多くなっています。

ただ、住み慣れた自宅に戻り家族とともに最期を迎えるためには、ふだんから日々の暮らしを大切に、丁寧に生きることが必要です。

そこでこの度、私は看取り士であり神職である鈴木哲司氏、そして僧侶である新田崇信氏にお声をかけさせていただきました。お二人とともに「丁寧に生きること」について語り合い、一冊の本にまとめることで、一人でも多くの皆様に幸せに生きて、安らかに最期を迎えられるような暮らし方、生き方をご提案できればと考えたのです。

私は島根県の出雲大社の氏子として生まれました。そして、様々な経験の後に14年間、人口600人の病院のない離島で暮らし、「看取りの家なごみの里」を運営させていただきました。

離島での体験は、私の看取り士のベースとなるものでした。医療に頼らない凛とした生き方が、この島にはありました。

5人の幸齢者様（幸せを運んでくださる高齢者様のことを、私はこう書くことにしています）と15人の若者たち、これが看取りの家での暮らしでした。私の腕の中で旅立って逝った、たくさんの幸齢者様から「いのち」という贈り物をいただきました。一人でも多くの方に、私のいただいた「いのち」を感じていただきたいと思い、看取り士となったのです。

私はマザー・テレサの夢を追い続けて生きてきました。

マザー・テレサの果たせなかった夢、それは「全ての人が最期愛されていると感じて旅立てる社会を創ること」、私はこの夢を30年、追い続けているのです。もちろん、まだ道は半ばです。でも、たった一人で始めた看取り士の活動が、今では1400人を超えて大きな広がりを見せ始めています。

コロナ禍という人類が体験したことない状況の中にあっても、「明日は今日よりきっと良い日が待っている」と思える暮らしを皆様に手にしていただきたいと切に願います。

そして、もし「あなたが一人でも」住み慣れた我が家での幸せな旅立ちが実現することを祈りながら、お二人とともに本書を創り上げていきたいと思います。

深い感謝を込めて

看取り士　柴田久美子

目次

まえがき　柴田久美子……3

第1章　看取りの文化を取り戻す……13

「看取り」とは命のバトンタッチ……14
先祖の想いを次世代へと引き継ぐ……18
神道と現代医療との狭間で感じること……25
宗教を超えて、看取りの文化を再構築する……29
看取りを通じて取り戻される「大和心」……36
祈りから始まる「丁寧な暮らし」……42
先人たちの死の捉え方……47
節目を大切にすることが生活を豊かにする……53
「敬う」心が育む上品な暮らし……57
太陽でつながる神道と仏教……62

信仰から目を背けないこと……67
心の救いという役割……70
安心して涙を流せる優しい社会を目指して……76
第2章　命のつながりの中で生きる　新田崇信……81
歴史ある寺に生まれるということ……82
先祖と子孫のベクトル……85
マインドディスタンス……88
節目を大切に……96
見える世界と見えない世界……102
二度の死……113
第3章　惟神に生きる　鈴木哲司……121
「大和の智慧」で現代社会の問題を乗り越える……122

「ケガレ」を清める方法……131
「場」を清める方法……133
弥盛成地《いやしろち》―本当のパワースポット―……139
世のけがれを知らぬ幼児《おさなご》……144
家の幸福と氏神絶対信仰……147
神秘の宝石・真珠の珠……151
「幽世《かくりよ》」とは……155
「縦の命」と「横の命」……159
看取りと日本神話……164
涙の神……167
息と看取りの作法……174
第4章 自宅で看取るための丁寧な暮らし 柴田久美子……181
美しく暮らすこと……182
父との別れ……186

手を育てることは心を育てること……192
読書は心の栄養……197
臨終から始まる、家族との別れ……206
臨命終時の意味……211
神様に近づく祈り……214
看取り士という仕事……217
一通の手紙……221
看取り士はもう一人の家族……224

第5章　死とまっすぐに向き合う……231

宗教の垣根を超えた深い意義……232
呼吸を整える……240
生き方を認め合える社会の創出……244
宗教を超えたところにある「拠り所」……249
信仰心の篤い「命の国」日本……256

死とまっすぐに向き合う……260

特別収録
柴田久美子・榎木孝明による対談……269
看取りは愛に満たされた空間

あとがき……295
真の霊性回復に向けて　鈴木哲司……295
誰もが安心して旅立てる社会作り　新田崇信……299
大丈夫、あなたが一人でも　柴田久美子……303

第1章

看取りの文化を取り戻す

「看取り」とは命のバトンタッチ

柴田久美子（以下柴田）：看取り士の柴田久美子です。
今日は僧侶であられる新田崇信さんと神職であられる鈴木哲司さんに、大変にお忙しいところお時間をつくっていただきました。本当にありがとうございます。

新田崇信（以下新田）：こちらこそ、お声がけをいただきありがとうございます。

鈴木哲司（以下鈴木）：この度は柴田さんからありがたい機会をいただきまして、大変光栄に思っています。

柴田：いえいえ、私はまだまだ未熟者ですので、お二人のお力をお借りできますことが大変心強いですし、お話をお伺いできることがとても楽しみです。さて、お二人と私は歩んできた道のりはまったく違うのですが、「看取り士」というご縁でつながっています。そこで、最初にごく簡単にではありますが「看取り士」について、私からご紹介をさせていただきたいと思います。

ご存じの方もいらっしゃると思うですが、２０２５年、日本では団塊の世代の方々が75歳以上となり、４人に１人が75歳以上という超高齢社会が到来します。厚生労働省の試算では、その５年後の２０３０年には、病院でも施設でも自宅でも死ねない「看取り難民」が47万人に達する見込みです。

鈴木：いわゆる「２０２５年問題」というものですね。ずっと問題提起され続けてきていますが、あと数年となった今でも明確な解決策は講じられていない状況が続いていますね。

柴田：残念ながら、そのとおりです。そんな中で、私たち一般社団法人日本看取り士会（以下、日本看取り士会）は、日本に訪れつつある「多死社会」に向けて、看取りを支える「看取り士」の養成、「看取り学」講座などの看取りに関する啓発活動に取り組んでいます。
このような独自の講座を経て、これまでに１３８７人（２０２１年４月現在）の方が「看取り士」となられました。内訳は看護師が8割、介護士が2割といったところでしょうか。今では１４１６支部（２０２１年4月現在）となった無償見守りボランティア「エンゼルチーム」の皆様も全国各地でご活躍くださっています。

鈴木：我々のような宗教者の看取り士というのは、すこし変わり種ということになりますね（笑）。

柴田：たしかに（笑）。でも、もう25年以上も前になりますが、私が看取り士を名乗り始めたころは、私自身が相当な変わり種でした。看取りのことを話すなんで縁起でもないと言われて、名刺を破られたこともあります。
　それでも、「全ての人が最期、愛されていると感じて旅立てる社会づくり」をテーマに長年コツコツと活動を続けるうちに、多くの方に知っていただけるようになりました。

新田：2019年に映画「みとりし」が公開されたことも社会に大きなインパクトを与えましたね。

柴田：はい。その流れを止めずに、しっかりと根付かせていくために、2020年5月からは会社組織をつくって、看取り士の派遣業務を始めています。また、各地で自分自身の死生観を語り合う「カフェ看取りーと」も開催しています。
　看取りとは、一人の人間が自らの人生に幕を下ろし、その生きる力「命のバトン」を次の世代へと手渡していく尊い場面なのだと思っています。悲しいもの、辛いもの、怖いもの、それからできるだけ向き合いたくないものというような「死」のイメージを拭い去って、「慈愛にあふれた感動のイベント」としての看取りを多くの方に体感していただきたいと夢見て活動しています。

先祖の想いを次世代へと引き継ぐ

柴田：それでは、読者の皆様への自己紹介もかねて、お二人がどのようなきっかけで「看取り」と出逢い「看取り士」としてご活動されるようになったのか、そのあたりを簡単にお話しいただけますでしょうか？

新田：新田崇信です。どうぞよろしくお願いいたします。私は琵琶湖の北東に位置する滋賀県長浜市の浄土真宗、佛心寺というお寺に生まれて、親戚もすべてお寺というような環境で育ち、9歳で得度して僧侶となりました。

佛心寺は330年以上続く歴史のあるお寺で、私はその26代目の住職ということになります。2010年からは東京布教所を開設して主にそちらで活動をさせていただいています。

柴田：長い歴史のあるお寺なのですね。

東京でご活動されることになったのには、どういった経緯からなのでしょうか？

新田：東京で活動する先輩の僧侶に声をかけていただいたのがきっかけです。「人の数と比べて極端にお寺が少ない東京で、ゼロから挑戦してみると、今まで見えなかったものが見えますよ」と背中を押されてスタートしました。そして、この東京での活動が、看取りを学ぶきっかけになりました。

滋賀にいるときは葬儀に伺うのは檀家さんがほとんどでしたから、長年のお付き合いでお亡くなりになった方のことも存じ上げている状態でした。

ところが、東京で葬儀に行かせていただくのは、その時初めて伺うかたちになることがほとんどで、亡くなられた方とも初対面ということになります。そうすると、「この方はどんな人生を送られたんだろうな」「お会いしたいな」という感情がすごく強く出てきたんですね。

お写真を見せていただきながら亡くなられた方のご家族からお話をお伺いすることで、想像はするのですが、「生きていらっしゃるときに会いたい」「できれば最期の時をともにさせていただき、通じ合った状態でお見送りをさせていただきたい」と思うようになりました。

そこで、いろいろと調べるうちに「看取り士」というものがあるということを知り、柴田先生のもとで学ばせていただくことになったというところです。

柴田：最近、特に都会では、お坊さんというのは、お葬式や納骨、法事の時にお経をあげてくださるだけのお付き合いという方がほとんどになっていますものね。

新田：今では、それすらも必要ないという方もどんどん増えていますね。ただ、必要ないと考えるにしても、それならばご家族が亡くなられる時にどうするのが最善なのかということが、亡くなる側も看取る側も分からないという方が圧倒的に多いように感じます。

柴田：おっしゃるとおりだと思います。この鼎談で、その道しるべを示すことができればとても嬉しく思います。

そのようなきっかけで、看取りを学ばれたご感想はいかがでしたでしょうか？

新田：実は看取りを学んでいるうちに、祖父のことを思い出しましてね。祖父が葬儀の時、何よりも大切にしていたのが「枕経《まくらきょう》」というものだったんです。「枕経」というのは、ご遺体を安置するときの読経のことをいいます。古くは臨終を迎えつつある方の枕元であげるお経でしたが、病院で亡くなる方が多くなった現代では、次第に形を変えています。

祖父はその枕経をとても大切にしていて、いつどなたが亡くなってもすぐに駆けつけることができるようにと、いつも電話の側で寝ているような生活をしていたことを思い出したんです。

「ああ、そうだったな」と懐かしく思い出すと同時に、「ああ、そういうことだったのか」という想いが自分の中で重なりました。今の自分の活動が祖父と重なる、祖父の精神が引き継がれているものなんだということが強く感じられるようになったのです。

柴田：それは本当に尊い気づき、まさに「命のバトンタッチ」ですね。

新田：ありがたいことだと思います。

祖父は他にも大切なことを教えてくれていて、ひとつは「お寺は事業の所得が非課税だから、そのぶん一定のお金を社会に送りなさい」「いただいた恩を次の方に送っていきなさい」ということをよく言っていました。私は頂いたお布施等の一部を、引き取り手のないご遺骨を引き受けたり、小学生に向けた命の授業を行ったり、ペットの殺処分ゼロを目指す活動、障碍者のスポーツ支援等々、僧侶だからこそできること、さらには僧侶という枠を超えてでも自分にできる社会貢献活動をさせていただいています。

柴田：２０１８年には一般社団法人恩送りを設立されたのですよね。

新田：はい、主に僧侶が中心になっていますが、宗派を超えて同じ思いの仲間を募って、活動をさせていただいています。

　実はこれも、「つながりを大事にしていきなさい」という、もうひとつの祖父の教えに通ずるものを感じています。私が育った滋賀県というところは、私の主観ではあるのですが「次世代のために」というマインドを持っている方がとても多いように思います。

柴田：お話をお聞きしながら、近江商人と呼ばれた中江藤樹先生を思い出していました。「父母の恩徳は天よりも高く、海よりも深し」「家をおこすも子孫なり、家をやぶるも子孫なり。子孫に道をおしへずして、子孫の繁昌をもとむるは、あしなくて行くことをねがふにひとし」といった藤樹先生の教えが、滋賀には今も流れているのではないかなと……。

新田：そうかもしれませんね。亡くなられたご先祖様も次世代も両方を大切にするようなところがあるので、つながりを大切に、まさに柴田先生のおっしゃる「命のバトンタッチ」というものをやっていこうという気運が強いように感じます。

このマインドを保ちつつ、東京でもそのつながりを広げていければという思いで活動している次第です。

柴田：すばらしいお話をありがとうございます。

神道と現代医療との狭間で感じること

柴田：では鈴木さんからも、お話をお伺いできますか？

鈴木：あらためまして、鈴木哲司と申します。
私は千葉県の長南町に鎮座する熊野神社禰宜《ねぎ》、日本救急救命士協会会長、救急救命士を目指す若者を育てるための大学教員、また、「命の尊さ」を伝える講演家、といういくつかの草鞋を履いて過ごしています。神道、すなわち見えない霊的世界と現代医療という目に見える科学の世界、この狭間でいろいろ活動をしています。

柴田：神道は宗教の中でもすこし趣を異にしているように思いますが、そのことについては後ほどお話しいただくとして、それにしても宗教と医療というのは現状ではなかなか相容れないものですよね。

鈴木：まさにそのとおりです。私は幼少期にふるさと新潟県村上市の海で世界最高齢の現役ライフセーバーとして知られる本間錦一《ほんまきんいち》さんと出逢い、導かれるようにして救急救命士となりました。

また、その本間さんから「人の命の尊さ」について徹底的に叩き込まれて育つ中で、人が蘇生するという生命現象の実際を通して生と死の狭間を目の当たりにし、不思議な体験をも重ねることとなり、次第に「目には見えない霊的世界」にも強く惹かれるようになりました。やがて高校生になった頃には宗教者になりたいと願うようになり、これも導かれるようにして國學院大學に進み神職となりました。

そのような経緯もあって、私の中では宗教と医療という両方が矛盾なくごく自然に必要なものとしてあるわけです。

ところが、実際に飛び込んでみた医療の世界、現代科学の世界では、死というものが生物学的死で完結してしまっているんですね。そういう中で活躍している医療従事者の心の中というのは、今やり場のない思いが充満してしまっていると感じます。死後の世界というものを否定した状態で、科学の世界で解答を出さなければならないという行き詰まりを見ます。

一方、宗教者に目を向けますと、残念なことに宗教者であるにもかかわらず死生観をしっかり持っていないという人たちが非常に多い。先ほど新田さんがおっしゃったような祖父君の尊い想いが引き継がれるといったことがほとんどなされていない状況なのでしょう。

新田：それについては、私も大いに危機感を持っています。

鈴木：こういう状態で冒頭柴田さんがおっしゃった多死社会を迎えてしまうと、社会全体が方向性を失ってしまいます。すでにその兆候はあちこちに見えてきており、今何かしっかりした指針を示す必要があると強く感じています。

実は私の携わっている神道界は現在では積極的に死を扱わないようになってしまっているのですが、そんな中で積極的に死に向き合おうとする神様が、柴田さんの故郷である島根県の出雲大社のご祭神である大国主大神《オオクニヌシノオオカミ》なんですね。

そこには「人は死んだらどこへ行くか」というみ教えが、古代日本の伝承叡智としてしっかりと根付いていてます。ところが、それが特に戦後になってからは、唯物主義が蔓延《はびこ》り、本来日本人が何よりも大切にしてきた「霊性」をほとんど伝えられることがなくなってしまっています。

現代こそ「死の文化」や「霊性」をしっかり掘り起こして、また宗教的な側面と現実的な医療の側面とを融合させて、一般の人たちにも、抹香《まっこう》臭くない内容で分かりやすくお話ししていくことによって、死をきちんと理解してもらうことができれば、もっとみんな楽に楽しく生きていけるのではないかと思います。

このようなメッセージをこの鼎談で広くお伝えできればという希望を持っています。

柴田：ありがとうございます。鈴木さんの熱意に私も胸が熱くなります。それぞれの持ち味と言いますか、得意分野を持ち寄ることで、それらをうまく融合させていけたらよいですね。

そうすることで、誰一人避けて通ることのできない「死」というものを正しく理解し、看取りの大切さを感じていただけるような、そのような本になればと思います。

宗教を超えて、看取りの文化を再構築する

柴田：そもそも、私がこの鼎談をしようと思い立ったのは、先ほど新田さんが少し触れてくださった映画ですね。

榎木孝明さん、村上穂乃佳さんに主演いただき２０１９年に公開された映画

「みとりし」が、２０２０年秋に開催されたロサンゼルス日本映画祭でなんと三冠を取らせていただいたのです。

新田・鈴木：おめでとうございます！（拍手）

柴田：ありがとうございます。看取りをテーマにした映画を榎木さんとご一緒に創りたいという長年の夢が実現し、たくさんの方にご覧いただいて、しかもこのような賞をいただくことまでできました。本当にありがたいことだと思っています。

そんな嬉しい受賞にあたってある記者さんからインタビューを受ける機会があったのですが、そこでその記者さんから「アメリカはキリスト教の国です。キリスト教の国で日本の看取りが認められたということは、宗教を超えて認められたということ。それはとても素晴らしいことですね」と言われたのです。

私はこれまで「宗教を超える」というようなことは考えたことがなかったの

ですが、その方の言葉でハッとしたのですね。たしかに、新田さんや鈴木さんが宗教を超えて看取り士会とご縁を結んでくださり、精力的にご活動くださっています。今の日本は宗教を失っていると言われています。そんな危機的な状況にある日本の宗教なのですが、もしかすると既存の宗教を超えたところに「看取りの文化」というものが再構築できるのではないかという思いが湧いてきました。

日本中の人々、あらゆる人々に今こそ宗教を超えて、死をまっすぐに見つめ、看取りというものの本質を知っていただきたい。そのためには、鈴木さんと新田さんのお力が必要だと感じたのです。

新田：そのような流れの中で私の名前を思い浮かべていただいて、非常に光栄です。ありがとうございます。

柴田さんが「再構築」というふうにおっしゃったとおり、「看取り」というものに出会って、柴田さんのお話を伺った時に、祖父をはじめとする先人たちから教えてもらってきたことが私の中によみがえってきたというふうな思いです。

看取りというのは、人が最後に持つ「つながり」ですよね。つながりを大切にすること、取り戻していくということが、一番重要なのだと思っています。

しかし、今はそのつながりが非常に希薄になってしまっています。お寺をやっていると、「老後に頼る人がいなくなるんじゃないか」とか、「今一人暮らしで、将来がとても心配なんです」というような声を聞かせていただくことがとても多いんですよ。実際行政等の支援はまだまだ不十分で、老人ホームに入居するにしても、病気になった時に入院するにしても、なかなかお一人で対処するのは難しい状況です。

どうしてもご家族とのつながりでそういったことに対処していくしかないということになるのですが、超高齢化であったり家族構成の変化などによって、つながりを作りたくても作れない、これまであったつながりを保つことも難しいということになっています。

柴田：再構築といっても、昔のような「つながり」に戻るということは難しいですね。

新田：そのとおりです。昔は血縁と地縁、それから社縁、つまり会社の縁というものもありました。こういったつながりは面倒くさいところもありますが、お互いさまで助け合って暮らしていくことができるという良い側面もありました。

ところが、終身雇用がほぼなくなり会社への帰属意識というものが薄れていく中で社縁というものがなくなり、檀家制度であったりご近所付き合いのようなものもどんどん減っていって、都会に出て故郷には戻らないという人が増えて地縁もなくなり……。

血縁という話になると、昔は「一族」というくらいの大きな単位があったのが、三世代同居というのも少なくなってきて、家族でも別々に暮らす人が増えて、今では「個」という、つながりをつくれない単位にまで変わってきています。

ただ、それを悪いことだと捉えるのではなくて、「個」になってしまったのだから、もうこれまでのつながりを取り戻そうとするのではなく、「個」と「個」とつながって「仲間」になっていけばいいのではないかと思うんですね。

柴田：「仲間」という新しいつながりを創っていくということですね。

新田：そうです。これまでのお寺というのは、ほぼすべてのお付き合いが「一族」や「家」という単位だったわけですが、これからは「個」に寄り添っていくことが非常に重要だと思っています。中でも死の現場に寄り添う看取り士としての活動は大きな柱のひとつとなっています。

また、寄り添っていきながら、やがて「個」と「個」がつながって「仲間」になっていく手助けのような役割を、私たち宗教者はやっていける存在なのではないかとも考えています。そして、そういった流れの中で宗教は本来の輝きを取り戻していけるのではないかという希望を持っているんです。

柴田‥とてもよく分かります。いまは核家族化どころではなく、単身世帯、いわゆる「おひとりさま」が年代を問わず激増していますから、そういった方々が、平穏な時はもちろん、特に手助けが必要となった時にどのようにして生きて、そしてどのようにして人生を終えていくのかということはとても大きな課題ですよね。

実はいま「新たなつながりを求めて看取り士になる」という方がとても増えているんですね。そういった意味では、看取り士というものがそのお仕事内容を超えて、新田さんがおっしゃる「仲間」というところにも今後広がっていくのかもしれないなということも感じます。

新田‥実際、看取り士さんは死に直面している人たちとつながっていくお仕事なわけですし、看取り士同士も共通の想いをもって協力し合っていくのですから、仲間としての輪が広がっていくのは当然の流れでしょうね。

この流れというのが、私がお寺の活動の中でとても大切にしているところと共通しているというのを強く感じます。

看取りを通じて取り戻される「大和心」

鈴木：柴田さんが今、「宗教を超える」ということをおっしゃいましたが、実は神道というのはいわゆる宗教とは違うもの、ある意味においてはすでに宗教を超えているものだと、私は感じています。

神道には「教え」がありません。「教祖」がいません。「教典」がありません。「教義」がありません。「道」、すなわち日本人の生活、生き方そのものなんですね。ですから、この看取りを通じて、生き方を見つめていくことによって、日本人が本来もっている「大和心」が表れてくると私は思っています。

「大和心」とは何かというと、全ての生命を慈しむ心。長い歴史の中で日本人が何より大切にしてきた心です。

ところが、特に戦後になってからこの大和心が著しく失われてしまった。先ほどから「個」という言葉が何度か出てきていますが、これが良い方のパーソナル、すなわち「個性を見つめて自分自身を満たす」「自分の内なるものを見つめる」というものであれば良いのですが、残念ながら「自己中心的な個」が拡大していって、多くの人が本当の命を見つめることができなくなってしまっているというのが現代だと思います。

柴田：そういった状態では、仲間としてつながることもできませんね。

鈴木：ですから、本来の道というものに戻ることが大切です。本来の道とは「惟神《かむながら》の道」であり、そこには全てを包み込むような大きな祖神《おやがみ》様の愛がありま す。

お二人がおっしゃるとおりで、いまは日本人全体が生き方そのものを再構築して、本来の道へと戻っていかなければならない時なのだと思います。

「よみがえり」という言葉がありますが、これは「黄泉の国から帰ってくる」ということになります。黄泉の国とは、日本神話における死者の赴くべき世界の事で、「よみがえり」とは、死者の世界を垣間見て、そしてまたこの世に戻ってくることなのですね。

看取り士は、「看取り」という作法を通じて死者としての新しい世界への旅立ちを手助けします。看取り士はその手助けをすることで、死者の世界を垣間見ることができます。そして、看取り士や看取る家族はその後の生き方ががらりと変わるような神秘的な経験をするのです。

看取りの場とは、人の価値観を根本的に蘇生するという、光に包まれた荘厳《しょうごん》の場です。「よみがえり」はまさに「蘇り」なのです。また、この体験は「臨死共有体験」とも言われています。

柴田：すばらしいです。本当におっしゃるとおりです。

新田：鈴木さんのお話を伺って、私も同じようなことを感じていたので、非常に嬉しく思いました。

埼玉県の朝霞《あさか》市に島根県の出雲大社の分院があるのですが、以前から一般社団法人恩送りが行う引き取り手のない遺骨への支援や障碍者支援など「無縁社会ゼロ」を目指す活動に共感いただき、共に活動してきました。

そして、恩送りが宗派を超えてさらなる活動を行うにあたり、神道（神社）の働きの必要性を強く感じていたこともあり、その第一歩として2020年の6月に千葉県にある八柱霊園前の同じ敷地内にお寺の本堂とともに出雲大社埼玉分院の支部も鎮座する運びとなったのです。

「お互いを尊重し尊敬しあう神仏習合を実現していこう」という想いでまさに活動を始めたところなので、鈴木さんのお話には心が躍りました。

柴田：とても素敵ですね。

鈴木：実に素晴らしいと思います。
日本は本当に良い意味でおおらかな国です。奈良時代に仏教が入ってきても室町時代にキリスト教が入ってきても、それをしっかりと受け止めて、そして日本の文化に馴染むように受け容れていくという、おおらかな文化がありますよね。

新田：同感です。

鈴木：ところが、明治時代、政治によって神道と仏教がばっさりと分離され切られてしまいました。また、神道では死を扱わないということで、出雲大社で受け継がれ大切にされてきた日本の死の文化も全て隠されてしまったんです。
今、奇しくも出雲に生まれた柴田さんが提唱されている「看取りの文化」というものを通じて、これが露《あら》わになろうとしていることを感じています。そして、それによって本当の本来の日本の心、大和心が目覚めていけば、自ら命を断つ人があまりにも多いといったような今の殺伐とした日本の状況も自ずと穏やかになっていくと思うんですね。

柴田：出雲のお話が出てきて、とても嬉しいです。

ただ、私は出雲大社と聞くだけでどうしても胸が躍ってしまうので、個人的なことでお話が偏ってしまうことのないように、バランスに気を付けなければと思います。

ともあれ、私たち三人の中での中心となる大きな柱、土壌が共有されたことはとても嬉しく、やっぱりお二人にお声をかけて間違いなかったというふうに思っています。

祈りから始まる「丁寧な暮らし」

柴田：実は、私が最初にこの鼎談のテーマに据えたいと思ったのは「丁寧な暮らし」ということなんですね。

なぜそう思ったのかと言いますと、いまはコロナ禍の中で、病院では触れ合うかたちの穏やかな看取りができない状況になっていて、「自宅で看取りたい」という方が急増しているんですね。ところが、そういう想いは強くあっても自宅が崩壊していてできないということになってしまっている方がまたものすごく多いわけです。

自宅が崩壊しているというのは、マンパワーが足りない、設備が足りないといったこともちろんありますが、それだけではなくて、その根底には日々の暮らしが丁寧に行われていないということがあるのではないかと強く感じているんです。

実は、私は毎朝お祈りの時間を持っています。それがとても時間がかかって大変なのですが、それをしないと一日が始められないんですね。

新田：それは尊い時間ですね。

柴田：ありがとうございます。でも、この祈りの時間がないと、私の一日は乱れてしまう。それくらい大切な、私の根っことなるものなんです。

ちょっと話が逸れるかもしれないのですが、『死別後シンドローム』（時事通信社）という、今はスイスにいらっしゃる精神科医の清水加奈子先生が書かれた本に詳しく載っているのですが、２０１９年に「死別後シンドローム」、正式な病名は「遷延性悲嘆症《せんえんせいひたんしょう》」というのですが、これが世界保健機関（ＷＨＯ）国際疾病分類に追加されました。大切な人が亡くなったときに心に大きな穴が開く、それが病気として認められたんですね。

これまではうつ病というひとくくりの中にあったんですが、それとは全く違うということが世界的な研究の中で分かってきて、日本でもそれが認められました。残念ながら、看取り士会の本拠地である岡山にはまだそういった診断をする医師はいないのですが、島根にいたときの知り合いで認知症の病棟に勤務している精神科医に連絡をして、「こういう病気があるということなのだけれど、あなたはどう思われますか？」と聞いてみました。

するると、自分が担当している患者さんの中に、二年前に旦那さんを亡くしたという方がいらっしゃって、「もしかすると認知症の発症自体も、そういうものも起因しているのかもしれませんね」とおっしゃっていました。

鈴木：遷延性悲嘆症にしてもうつ病にしても、心に開いた穴というものを、癒すことが難しい状況なのでしょうね。

柴田：実はその精神科医の彼もうつ病を患ったことがあるんです。その時私は彼に「毎日午前中の太陽を見なさい。あなたは動物なんだから、動物に戻って五感を鍛える。五感を鍛えることでいわゆる六感が冴えてくる。だから、それをやり続けなさい」とアドバイスしました。彼は素直に実践してくれて、社会復帰することができ、今も「五感を使って暮らす」ことを心がけて、元気にご活躍されています。

大切なのは、これだと思うんです。この一番大元の「暮らす」ということを疎かにしたときに、その周りにあるものが全て壊れていってしまう。彼のように心が壊れることもあるでしょうし、体が壊れることもあるでしょう。そして、それだけではなくて、あらゆる問題がそこから出てきているというふうな思いが強くて、この鼎談の中には、そういったことも反映していけたらと考えたのです。

私はまだまだ未熟者なので、鈴木さんや新田さんの力をお借りして、それがうまく社会に提案していけたら嬉しいなというふうに思っているところです。

新田：私も未熟ですから、お役に立つかは分かりませんが……。

柴田さんのお話で思い出したのが、一時期「キレる子ども」というのが話題になったと思うんですが、それを「お仏壇がある家」と「お仏壇がない家」という切り口で見てみると、「お仏壇のある家」のほうが「キレる子ども」が少なかったというのが、たしか数年前にニュースで取り上げられたんですよ。

柴田：ああ、そうかもしれませんね。

新田：これはおそらく、お仏壇の有無の問題ではなくて、そこに手を合わせるということ、先ほど柴田さんがおっしゃっていた祈りの時間を持つことというあたりのことが関わっているのではないかと思います。私たちも朝のお勤めというのを非常に大事にしていますが、柴田さんの祈りでスタートする生活というところと重なっているなというふうに感じます。

そして、そういうことを考えていく時に自分の僧侶としての立場で考えると、一方では「先祖を大切にしたい」「先人を思う」という過去へのベクトルと、もう一方では「次世代のことを大事にしよう」という未来へのベクトル、この二つ一見すると反対方向のベクトルが実は現在を中心につながって、これが肝心なところなのではないかなと思うわけです。
さらに言うと、これが看取り学の中で言うところの「命のバトンタッチ」なのだろうと、これはあくまでも自分なりにですが理解しています。

柴田：まさにそのとおりだと思います。ありがとうございます。

先人たちの死の捉え方

柴田：鈴木さんはいかがでしょうか。

鈴木：丁寧に生きる、暮らすというのは、おっしゃるとおり非常に大切なことだと思います。では日本人はどのようにして丁寧に生きてきたかというと、衣食住をしっかりと整えてきたんですね。

近代看護の母と言われるフローレンス・ナイチンゲール（１８２０〜１９１０）は『看護覚え書』をはじめ、膨大な看護に関する本を書いているのですが、ある研究者が彼女の書物の中には「どういった語句が一番多いか」ということを調べた結果、「整える」という言葉が最も多かったそうです。つまり、生活を充実しものにしていくためには「整える」ということがとても大切なのです。

ところが、我々が生きている現代社会を見ますと、マクドナルドのような手軽なファーストフードを食べて、絶えず時間に追われて生活をするというようなことになってしまっていて、生活の全てについて丁寧に見つめて整えていくということを忘れがちになってしまっています。

柴田：もしかするとご存じない方もいらっしゃるかもしれませんが、私は若いころ16年間マクドナルドに勤めて、多くのことを学ばせていただきました。ちょうど日本で急成長を遂げているときで、店長も経験しました。

ただ働き詰めで、そのスピード感についていけず、体調を崩してうつ状態になってしまいました。離婚を経験し、家族も失いました。マクドナルドを退社後、知人の紹介で高齢者介護の世界に入り、利用者の人たちと心を通わせる喜びを見出すようになり、そこでの経験から看取り士を名乗るようになっていったのです。

鈴木さんのおっしゃる「時間に追われる」という感覚は、関わったことがあるからこそ、本当によくわかります。

鈴木：神道には「中今」という言葉があります。命というものは、そのバトンをつないでいくことによって縦に連綿とつながっている。そのバトンを握って今この時を生きているのが我々なのだということです。

ですから看取りという、まさに命のバトンタッチの時、死に立ち会う時には、自分自身の命が今存在するのは、ご先祖様が命を途切れることなく紡いでくださったお陰であるということを見つめざるを得ないでしょう。ところが、その看取りということ、死というものを隠して見せないという風潮、さらには「死は悲しみであり、怖いものである」というふうに植えつけられてしまっている。これを私はなんとか変えたいと思っています。

柴田：大いに共感します。

それでは、「中今」に生きていたご先祖様たちは、どのように死を捉えていたのでしょうか？

鈴木：古代日本人がどのようにして死に向き合っていたかということは、古事記を紐解くことで垣間見ることができます。

なんと八日八夜「歌えや、踊れや」で過ごすのです。悲しいのだけれども、その中でも喜びを表現して、喜びのエネルギーで吹っ切って、亡くなった方に対して「どうぞ次の世界へ行ってください。この世を生きる我々はこの命を大切に預かって、また次へとつなげていきますよ」ということが、古代においては行われていたのですね。

また、亡くなった方との関係性は死によって途切れてしまうことはなく、「次の世界」すなわちあの世に旅立ってからも子孫を守護し生き続けるということで、「生き通し」というふうに表現されます。

柴田：それはすばらしいです。やはり、看取りの文化というものがしっかりと根付いていたのですね。

鈴木：そうなのです。

ところが、今というのは個人主義で「我よし一人勝ち」の世の中になってしまっています。でもそれでは根無し草なんですね。本当は誰もが自分一人では決して生きていけないにもかかわらず、自分の命とつながっているご先祖様を見つめないということですから。

新田さんがおっしゃったように、仏壇や祖霊舎《それいしゃ》があるということは、そこに向かって手を合わせて祈るということの大切さを先人たちが教えてくださっているものなのではないでしょうか。それはご先祖様、そして自分自身を見つめ、命のつながりを感じるという行為、またそれ自体が喜びの表現でもあると思うのです。「私は根無し草ではなくて、しっかりとした根があるんだな」ということを自覚する場として機能するものなのですね。

実は、霊界を司る大国主大神様が鎮座される出雲大社があるのは「島根」ですが、日本という島国で死を見つめていくその根っこだということが、きちんと地名で分かるようにもなっている。我々のご先祖様は後に生きる我々のために、実にすばらしい叡智を残してくださっていると感嘆せざるをえません。

新田：なるほど、非常に深いお話ですね。

節目を大切にすることが生活を豊かにする

新田：お二人のお話をお聞きしていて、丁寧な暮らし、暮らしを整えるということの大切さを感じる中で、それをしていくためには「節目を大切にする」というのも、必要だなということを感じました。

柴田：実は２０２０年に、看取り士のサービスの中に「桜」と「蘭」という新しいサービスを作ったのですが、その中に「初七日の訪問」という仕事を入れました。看取りを経験されたご家族の大きな負担、悲しみや喪失感を取り除く手助け、いわゆるグリーフケアというものをきちんと行うことも、看取り士として大切な仕事なのではないかと考えたのですね。

初七日という節目の時にきちんとお伺いして、亡き方の思い出や感じていらっしゃることを存分に語っていただいて、十分にエネルギーを集めていただく。

そして、前を向くきっかけとしていただくための時間になればと思っています。

新田：それは本当に必要なことだと思います。

「死」ということを考えると、以前から葬儀の簡素化はもちろん、法事をされないという家が増えてきていたのですが、今はコロナ禍によって加速してきている状況です。

葬儀があって、初七日があって四十九日、一周忌、三回忌というふうに、節目を大切にして段階を踏んでいく。それによって、人数が多い必要はありませんが家族や親族、故人と関わられた方が集い、死を見つめて悲しみを癒し、徐々に前を向いて生きていくというところがあって、これは非常に大切なことだと思うのですが、環境のせいもあるのでしょうがなかなか難しくなってきているように思います。

柴田：お食い初めや七五三、成人式や還暦といったものも、節目をつくり整えることで、その時にすべきこと、感じるべきことをしっかりとやりきったうえで、次へと進んでいくということを大事にされてきた先人たちの知恵なのでしょうね。

新田：そうなんです。そして、そういったことを大事にされている方というのは、総じてゆとりがあるというか、豊かな暮らしを送っておられるように感じられるんですね。

鈴木：その豊かさというのは、金銭的なことではなくて「丁寧に生きる」というところから生まれるものですよね。

そういう方というのは、ものを大切にしますね。身の回りのペンでもコップでも、どんなものを扱うにしても丁寧に扱います。私もそういうふうに努めていきたいなと常々思っています。

柴田：今はコロナ禍でお休みしていますが、看取り士会では「子ども食堂」をしています。

その「子ども食堂」を開くにあたって、実は備前焼の会社様からたくさんの備前焼の食器をいただいたんですね。「この食器は決して粗悪品ではなくて、販売に値する備前焼です。子どもたちにはぜひ本物に触れてほしいのです」という尊い願いを受けて、備前焼を使わせていただいています。

新田：すごいですね！私も子ども食堂をやっているのですが、まさにそれをやりたいんですよ。プラスチックとかではなく本物の道具や食器に触れることで、それを大切にできる心を自然に育んでいければと思っています。

柴田：子どもたちは決して壊したりしませんし、ボランティアさんたちもとても丁寧に扱ってくださいます。その姿は見ているだけでも美しいんですね。やっぱり良いものに触れるというのは、小さい子どもの時から必要なんだなと思います。

新田：大賛成です。

「敬う」心が育む上品な暮らし

柴田：こうしてお話ししていると、「丁寧な暮らし」というのは「上品な暮らし」なんだなということをしみじみと感じます。

私には病院施設のない島根県の離島に行けば幸せな最期を看取れるのではないかと考えて、「看取りの家」を開設していた時期があります。そんな離島に暮らしていた時、１００歳の高齢者の方によく言われたのが、「あなたは下品ね」という言葉でした。

それはいじわるでもなんでもなくて、それまでの都会での暮らしが原因でした。たとえば無造作に蛇口をひねって水をジャーッと出しっぱなしにしたり、お掃除する時にほうきをうまく扱えなかったりというような姿を見られて、「あなたは下品ね」と言いながら「上品な暮らしとはこうするのですよ」ということを教えてくださったのです。14年間そういった暮らしをさせていただいて、ようやく「上品な暮らし」とは決してお金がかかるものではなくて、質素な暮らしの中にあるものだということが少し分かるようになりました。

もしかすると、日本人が忘れてしまったのは、「上品な暮らし」なのではないかと、お二人のお言葉の中で、ふとそのように思いました。

鈴木：離島には日本の良さがまだまだ残っているということですね。やはり、我々日本人が日本の良さを大切にできなくなってしまっているというのを感じますね。

私は仕事柄、大学生と接する機会が多いのですが、西洋文化への憧れというものが当たり前に浸透してしまっているのを感じます。破れたジーンズをはいて、カラーコンタクトを入れて、ファーストフードを食べるというようなことがかっこいいというふうに刷り込まれてしまっているのです。

しかもそれらはすべて見た目のことだから、どうしても他人と比較するということになってしまって、結果としてその勝ち負けに苦しむというのがあちこちで起こっているというが今の状況なのだと思います。

日本人は本来、内なるものを見つめることで、そのすばらしさを感じとることができる民族なのですよね。「丁寧に生きる」というのは、まさにそういうことだと思います。

新田：丁寧な方、上品な方というのは、見かけだけではなく所作が美しいですよね。内面の美しさがにじみでるというのでしょうか。非常に上品で、そしてそこには、ごく自然に相手への敬意があるように思えます。

それから先ほどお二人が話されていた、丁寧に扱うといったことには、ものに対しても敬意をもっているというところを感じます。微妙な違いですが、「触《さわ》る」のではなく「触《ふ》れる」とかいうような感じですね。雑ではなくて静かにそっと扱うと言いますか……。そういったところが、とても上品だったり上質だったりというところにつながるように思いました。

柴田：新田さんのお言葉を聞いていて、私には「敬う」という言葉が浮かびました。そしてもしかすると、この「敬う」ということが、今の日本人に足りない部分なのかなと思えてきました。

上下関係や勝ち負け、外から見た評価といったことから生じるようなものではなくて、ごく自然に誰かを敬う、たとえば「先人を敬う」だとか「高齢者さんを敬う」というような心。ものに対してもそうですね。そんな「敬う心」があれば、おのずと上品な暮らし、豊かな暮らしになっていくのかもしれませんね。

新田：まさにそのとおりですね。

柴田：私は大家族の中で育った人間ですので、「敬う」ということの大切さはおのずと教えられてきたようにも思います。でもやはり、島根の離島では全員が私よりも偉くて、物事をよくご存じだったんですね。五感というものが非常に優れていて、そのまったく違う文化の中では、私は未熟すぎて「敬う」しかない14年間でした。

そこで培われた「敬う」という心が、丁寧な暮らし、丁寧な生き方につながる、その大元なのかなという気がします。

鈴木：戦前は神道の基本精神として「敬神崇租《けいしんすうそ》」という言葉がありました。「神仏を敬って先祖を崇める」という意味で、戦前は国語辞典にも載っていたのですが、残念ながら今では消されてしまっています。

柴田さんのお話を伺っていて、この言葉に尽きるんじゃないかなというふうに感じました。

太陽でつながる神道と仏教

鈴木：ところで、先ほど新田さんが丁寧にものを扱う方は、静かに触れるということをおっしゃいましたが、この「静かに」という言葉、とても大切だと思います。というのも、私は最近「静寂」ということを非常に大切にしているんです。

最近はそういったことは思わないのですが、かつての自分にはテレビをつけていないと寂しいという時期がありました。心の穴を外の音で埋めていたのかもしれません。今は心が満たされているせいか逆にテレビの音が騒々しく感じられて、すぐに消してしまうようになりました。

都会というのは、とにかく騒音に囲まれています。静かにして自分の内側を見つめようにも、エアコンの室外機や救急車のサイレン等々、たえず人口の音が邪魔をしてきます。

小鳥のさえずりや自然の爽やかな風がそよぐ音に耳を澄ませるといった時間を意識的に持つということも、丁寧に生きていくことのひとつなのではないでしょうか。そんなふうに「静かに生きる」ということも「丁寧に生きる」ということにつながるのではないかと思いますね。

柴田：たしかに私の朝の祈りの時間でも、静けさというものをとても大切にしています。

これは何度か私が口にしてきた「五感を使う」ということにもつながるように思えますね。

鈴木：柴田さんはうつ病だった方に「午前中の太陽を見なさい」とおっしゃったということで、これは実に示唆に富んでいると思います。

実は太陽にはふたつあるんですね。昇る朝日、これはどちらかというと我々が生きる世界を象徴する、神道的な教えなんですね。そして、沈む夕日というのは、どちらかというと死後の世界を象徴する仏教的な教えになります。
新田さんは浄土真宗とのことですが、極楽浄土は日没のところ、つまり真西にあるということになっています。ただし、神道の中でも沈む夕日を拝むのが、やはり出雲なんですね。島根半島の西端に位置する日御碕《ひのみさき》神社には日沈宮《ひしずみのみや》というところがあります。伊勢神宮が「日の本の昼を守る」のに対して日御碕神社は「日の本の夜を守る」ようにとの神勅《しんちょく》により祀られたもので、これが仏教的思想とつながるところがあるんですね。

柴田：神道と仏教というものには、そういった違いがありながらも同じ太陽というところでつながっているというのは、すばらしいことですね。

新田：比叡山は天台宗の総本山なのですが、日本仏教の母山とも言われていて、そこでは、朝日の時は南無妙法蓮華経、これは前へ前へと進んでいくような感じになります。そして夕日の時には、南無阿弥陀仏、これで一日が終わっていくというようになっています。

鈴木：日蓮大聖人は、天台宗の総本山・比叡山延暦寺で僧侶としてのご修行をされ、登る朝日に向かって声高らかに「南無妙法蓮華経」とお題目を唱えて、日蓮宗を立教開宗したのです。名前には太陽を意味する「日」号をつけて自ら「日蓮」と名乗られるようになったのですよね。

太陽の光のエネルギーを大切になさっていたことが伝わってきますし、神道と仏教、本来は両方にきちんと生と死を見つめる教えがあることが分かりますね。

新田：そのとおりですね。本当にそう思います。

鈴木：我々は太陽に見守られている神の子仏の子であることを忘れてしまっているんですね。だから、他と比較することで自分の居場所を作ろうというようなことをしてしまうのでしょう。

まずは、自分の存在のすばらしさを思い出して、自分を満たさないと、太陽のように暖かい心を持って人に手を差し伸べるということができないんです。だから、まずは自分を満たすことというのが非常に大切です。

苦しむために生まれてきた人は誰もいない、喜んで楽しんで生きるために生まれてきているわけですから、そこに気付くことが、まずは大切なんじゃないかということを切実に感じますね。

柴田：すばらしいですね。
よく勘違いされがちなのですが、こうしてお話しさせていただいている私たちというのは、辛く苦しい道を歩んでいるわけではなくて、とても楽しんで生きているわけです。いろいろと問題課題に取り組むことも、その中での出会いや学びもとても楽しいですし、微笑みながら感謝の中で毎日を過ごさせていただいています。

信仰から目を背けないこと

鈴木：現代社会が抱えるあらゆる問題や課題というのは、結局のところ、目に見えない世界、宗教、信仰というものから目を背けてきてしまった結果だと思うんです。

　これまで日本でなされてきた様々な死についての議論というのは、それをオブラートに包んで、それらしいことを言ってごまかしてきてしまっているところがあるように感じます。柴田さんが新田さんと私に白羽の矢を立てられたというのは、やはり宗教、信仰というところから死を捉えていくことが今最も大切だからなのではないでしょうか。

新田：そうですね。

　私もやはり、宗教というもの、先人からの教えというものをきちんと知っていただくことで、死というものは捉えやすくなりますし、それによって生き方、さらには社会全体が大きく変わるというふうに考えます。

柴田：たしかに、これまでは様々な考え方をお持ちの方がいらっしゃるというところもあって、そういったところには踏み込まずに看取りをお伝えしてきたように思います。

鈴木：生から死に渡るというのは、見える世界から見えない世界に渡っていくということです。それが、最初にもお話ししたとおり医療の世界では生体を科学的に見るだけなので、「はい、お亡くなりになりました」と生物学的死をもって終わりとしてしまうわけです。しかし、残された家族には様々な想い、感情があります。また、そこに携わる医療従事者にしても人間ですから、そこに大きな矛盾を抱えつつ携わっているところがあると思います。

それを助けるもの、救いを示すものはないというふうに思われていますが、それは信仰というものを非科学的なものとして扱うようになってしまったからです。そこを救うヒントは実は昔から足元にある、それに気づいていただきたいということを、本当に強く感じています。

私が勤務する三重県の鈴鹿医療科学大学保健衛生学部では、令和4年4月から命の最前線で活躍する救急救命士を養成することになり、その養成カリキュラムの中に「看取り学」を入れる予定でいます。

柴田：ありがたいことです。本当にありがとうございます。

鈴木：多感な若いうちから、世界の宗教、思想、哲学にできるだけ多く触れる機会をつくり、そのような環境下で確固たる死生観を身に付けて医療の現場に出てもらいたいと思うのです。看取り学を通じて、「人は死んだらどうなるのか」「仏教ではこう考えるよ」「神道ではこう考えるよ」と、多様な価値観を示して、その中で「自分なりの死生観」を持てるような環境で医療専門職の教育をしていこうと考えています。

誰かがやってくれるだろうと待っているようでは何事も変わることはありません。こうして皆さんにもお伝えするとともに、私自身も自分にできることから始めていっているところです。

心の救いという役割

新田：医療現場の苦しみというのは、本当に切実なものだと感じます。先ほどご紹介した「恩送り」という団体の中に、精神科医の先生がいらっしゃるのですが、その方は「医療だけでは救われないものがある。しかし、その救われないものが仏教で救われる」ということで、ご自身が僧侶になられたんですね。

その方とも、その方のご縁でつながった看護師さんたちともお話をするのですが、やはり医療現場はかなり疲弊しているとのことです。もちろんコロナ禍ということもありますが、一番辛いのは人手不足等の理由で患者さんの最期に寄り添うことが難しくなっていることだとおっしゃっていました。

もう亡くなっていかれるというのが分かっているのに、日々の業務に追われて何もできないことが、苦しくて仕方ないと……。何のために医療を志してやってきたのか分からなくなってしまうというようなお話を聞かせていただく中で、やはり医療現場には宗教的な救いが必要なんだなということを感じます。

このように「お寺さんや神職さんに入ってきてもらわないと解決できない問題がある」ということを手を挙げておっしゃってくださる医療関係者も出てきている中で、私たちもそこに入っていけるような道をなんとか見つけていきたいと模索しているところです。

鈴木：現代医療は西洋からの輸入学問ですから、相性が良いのかキリスト教の信仰にもとづくターミナルケアが行われている施設は比較的多くあり、それもすばらしいことだと思います。

ただやはり、日本全体が本来の我が国の信仰を取り戻して、その文化を礎にしたものを源泉にして医療現場、看取りの現場を支えていくということが、今の日本にとってとても重要なことだと思います。


柴田：私は8年くらい前から全国で地域の方々と看取りや死についてざっくばらんに語り合う「カフェ看取りーと」というイベントを定期的に開催してきたのですが、いまはオンラインで対面しながらの開催とさせていただいています。ここ最近その傾向が変わってきていて、医療現場におられる看護師さんが参加してくださることが増えているんですね。

今新田さんが言われたようにすごく緊迫した中での勤務が続いていて、彼女たちは本当に献身的につとめていらっしゃる。それなのに辛さ苦しさを一身に背負われて、ものすごくご自身を責めているんです。

そこで私は本当に、今まで見たことがない涙の粒を見るんですよ。少しずつ流れてくるというのとは全く違います。大きな粒で、ぽろぽろと流れ落ちる重い涙……。

新田：言葉がないですね。

柴田：「何もできないことが辛くて辛くて……」と、小さな声でおっしゃるので、「あなたはすばらしいことをなさっているのだから十分ですよ。もうこれは仕方のないことなのだから、そのままのあなたで大丈夫」とお伝えすると、また大粒の涙を流されるんですね。

誰かにこの想いを伝えたい、自分の心を解き放ちたい、きっとそういう思いで「カフェ看取りーと」に来てくださるんだろうと思います。

先日もお二人の看護師さんが参加してくださいました。始まりに「ありがとうおばあちゃん」という私の絵本を朗読させていただくのですが、もうその段階からずっと涙しかなかったです。

私は私にできることとして、そういったかたちで今の大変な医療現場におられる皆様の少しでもお力になれたらという想いも持ちながらこの「カフェ看取りーと」を続けさせていただいています。コロナウイルスについてはいろんなお考えがあるとは思うのですが、私は病院で対応なさっている医師や看護師の皆様にはやはり手を合わせて「ありがとうございます」という気持ちが強くあります。今の日本はそういった方々に支えられていると思うのです。

でも、その方々のお心を支える人がいない。これが実は非常に大きな問題なんだということが、「カフェ看取りーと」を通して私にも見えてきています。この本で語られることのひとつひとつが、そういった方々のもとにも届いて救われるものであってほしいと切に願います。

鈴木：本当に歯がゆいことですね。神社というものは本来、救いの機能を有しているものなのです。それが型通りの儀式だけをやるというようなことになってしまっていて……。

新田：それは仏教にも言えることです。もちろん我々も含めてですが僧侶、神職といった宗教に携わる人たちには、宗教の持つ心の救いという役割を今一度しっかりと考え、動き出していただきたいと思います。

柴田：医療に携わる方、宗教に携わる方、またそれ以外の方々、そういった肩書のようなものも超えていきたいものですね。

ともに暮らすすべての人が、それぞれのそばにいる大切な人とお互いに支え合うということ、その実現のヒントとなるようなことが今回のお話の中だけでもたくさん出てきていると思いますので、ぜひご一緒にできることから行動していきたいというふうに思います。

安心して涙を流せる優しい社会を目指して

鈴木：柴田さんから、いま涙のお話がありましたが、私も涙というものがとても大切だと思っています。

奈良県の畝尾都多本神社《うねおつたもとじんじゃ》という神社に涙の神様、泣澤女神《なきさわめのかみ》が祀られているんですが、私は奈良県に行くたびに必ずその涙の神様に手を合わせてきます。妻である伊邪那美神《いざなみのかみ》が亡くなったのを、夫の伊邪那岐神《いざなぎのかみ》が悲しんで泣いた涙から生まれた女神で、泣くことによって逆に命を長らえる神というふうにも言われているんですね。

柴田：まさに「看取り」の世界ですね。

鈴木：そうなのです。涙というのはいろいろなものを洗い流す力が非常に強い、その強さを神様として大切にする、そして神話として伝え引き継いでいくという日本の文化の奥深さ、こういったところにも気づいてもらえればと思います。

柴田‥本当ですね。涙の大切さ、安心して涙を流せる場所、そういうものが取り戻されて優しい社会が構築されれば、多くの人たちがもっともっと救われていくというふうに感じます。

鈴木‥今は泣けない社会ですよね。特に「男は泣いたらダメだ」なんて言われますから。

でも、泣いた方が良い、いや泣かないと駄目だと思います。泣くことによって感情が浄化され、魂が磨かれていくんです。最近「涙活（るいかつ）」というようなことが言われていますが、良い流れだと思いますね。

柴田‥私は幼いころに父を亡くしたのですが、その時に母が「泣くということは涙を流して元に戻ることだから、涙をたくさん流しなさい」と教えてくれました。

その時から私は、涙は自分がしっかりまたもとの位置に戻るためのもの、だから涙は流すべきだと思っています。

新田：仏教では「泣く」ということを「さんずいに立つと書くので、ここから立ち上がっていくということなんですよ」というふうにお話しします。

柴田：同じですね。母もそれを伝えてくれていたのかもしれません。

鈴木：涙には味がありますよね。昔の自分の涙はとても塩辛かったように思うのですが、最近あまり味がなくてさらさらしているように思えて、非常に不思議だなと……。

柴田：それは感動の涙ですね。感動の涙は味が薄いもののようです。

新田：まずは安心して涙を流せる場所をつくっていきたいものですね。

柴田：さて、そろそろお時間となりました。ここまで様々なお話をさせていただきましたが、それによって私たちが看取りを通じて目指していく社会というものが、一筋の光として見えてきたように感じます。

まずは、お二人に心から感謝申し上げます。本当にありがとうございました。

鈴木：こちらこそ、ありがとうございました。あっという間でしたね。非常に有意義な時間だったと思います。

新田：大変勉強になりましたし、感じ入るところが多くありました。感謝いたします。

柴田：この鼎談を経ていま読者の皆様にお伝えしたいことを、この後三者三様にお届けしていきたいというふうに考えております。

安心して涙を流せる優しい社会が実現して、様々な立場の皆様の悲しみ苦しみの涙が感動の美しい涙へと変わっていってくれますように、そんな祈りも込めながらの、メッセージになるのではないかと感じています。

読者の皆様にはどうぞ引き続き、お付き合いいただけましたら幸いです。

第2章

命のつながりの中で生きる

歴史ある寺に生まれるということ

地域には、それぞれの土地で先祖代々伝わる様々な「命のおはなし」があると思います。

若い方には少ないかもしれませんが、子どもの頃、お父さんやお母さん、おじいちゃん、おばあちゃんからその地に伝わる言い伝えを聞いたことのある方も多いのではないでしょうか。

私の生まれは、滋賀県長浜市。琵琶湖の北にある自然豊かな街です。長浜市は「観音の里」と称されるほど仏教文化財の宝庫で、集落の数に匹敵するほどの観音像が、今なお地域の集落の方々によって大切に守られています。

戦国の動乱期、戦乱の焼き討ちに際しても、観音さまを川底に沈め、地中に埋め、どうにかして守り抜いてきたご先祖さまたち。その意志と誇りを受け継ぎ、今も観音信仰という独自の仏教文化が守られ続けている地域なのです。

そんな地域で３３０年以上続く佛心寺というお寺に生まれた私は、９歳の時に僧侶の資格を得ました。それまでにお経を読めるようにならないといけなかったために、物心ついた時から僧侶である祖父と父と一緒に朝晩のお勤めをするということが、半ば義務付けられていました。

周りから名前で呼ばれることはほとんどなく、「お寺の坊ちゃん」ということで「ぼんちゃん」と呼ばれることが専《もっぱ》らでした。お寺に生まれてしまったことで、自分の後ろにはいつもお寺があり、「自分」というものをそのまま受け止めてもらえないような、幼いなりの息苦しさがいつも付きまとっていたように思います。

小学校の卒業文集の「将来の夢」を書く欄に、私は「サラリーマンになりたい」と書きました。「サッカー選手」や「野球選手」と書けばよいのに可愛げがないと思われるかもしれませんが、「普通のサラリーマンになりたい」というのは、当時の私にとっては他の子供たちにとっての「サッカー選手」と同じくらい遠い憧れだったのです。

しかし、そんな正直な気持ちを書いたことで、担任の先生から「新田くん。お寺に生まれたということでいろいろと大変なこともあるね」と、声をかけていただきました。あの時の、自分のことを初めてまるごと受け止めてもらえたような感覚は、今でも忘れることができません。

僧侶となった今、様々な年代、様々な境遇の方々のお話を伺う機会が多くあるのですが、あの時の担任の先生のように、言葉の表面だけではなくその人の存在をまるごと受け止めて、その奥にある想いを感じ取り、温かな言葉をかけられる人間でありたいと思っています。

先祖と子孫のベクトル

このような境遇で育った私は、人生の先輩方から「人生」や「生活」について実に多くのことを教わってきました。

その教えの根幹は「先祖を大切に敬うこと」。

そして、「これからの子孫に対して想いを巡らすこと」。

「ご先祖さまに敬意を抱き、今生きられることに感謝することはとても大切なことだけれど、それだけでは足りない。これからの社会を担う若者たち、そしてまだ見ぬ子孫たちのために、という視点を大事にしなさい」と、ことあるごとに言い聞かせられてきました。

ご先祖さまを偲びつつ、ご先祖さまから受け継いだものを守り、次世代へとつないでいく……。このような考えをごく自然に身に着けることができたように思います。

今では、私なりの解釈ではありますが、合掌の際に手を合わせるしぐさは、先祖と子孫を合わせて、今ここにいる「私」を表しているのかもしれないと、手を合わせるたびに感じるようになっています。

また、幼い頃から「人生は亡くなって終わりではなく、50回忌までがその方の人生である」という人生観も教わりました。

お食い初めや七五三など、人は生まれてから様々な節目を経て成長していきます。それと同様に、亡くなってからも一周忌や三回忌、七回忌といった節目を作り、50回忌まで勤めていくという考え方です。

人生の本当の最期を締めくくるのは、孫かひ孫か……。子孫によって人生を大切に閉じてもらうという、幅のある人生観が日本には伝わっているのです。

私の生まれ育った地域では今でも、生前会ったことのないご先祖さまの法事を、お孫さんやひ孫さんが勤めることが度々あります。そのような光景を目にすると、悠久の時を経て脈々とつながってきた「深い命のつながり」を感じざるを得ません。

だからこそ、大切に、大事に、そのつながりの橋渡しとなるように、心を込めて法事にお参りしなければならない。子どもの頃から父や祖父から、繰り返し教わってきました。

私は今、僧侶であった祖父が生前に使っていたお経の本を引き受け、見返しながら、日々のお勤めをさせていただいています。祖父が赤色で線を引いた言葉を見つけては、当時の祖父の気持ちを想像し、学びを進めている最中です。

小さな頃の記憶の中ではわからなかった事が、時間を経た「いま」になってようやくわかる、心に響いてくることがたくさんあります。

先祖を偲びながら、次世代へ思いを巡らせ、歩みを進めていきたいと思います。

マインドディスタンス

新型コロナウイルス流行の影響を受けて、私たちの生活は大きく変わりました。大切な仲間や親族と気軽に会えなかったり、学校や仕事がオンラインになったり、様々な行事ごとの開催が難しくなったりと、大変なご不便を感じていらっしゃる方も多いことでしょう。

そんな中で、ご先祖さまの供養もいつも通りにはいかなくなってしまっています。

このような状況下で、テレビやニュースでは新しい言葉を頻繁に耳にするようになりました。「コロナ禍」「三密」「ニューノーマル」といった様々な言葉の中で、特に気になったものがあります。

それは「ソーシャルディスタンス」というものです。

今やご存じない方はいらっしゃらないのではないかと思うほどになった「ソーシャルディスタンス」という言葉ですが、日本語にすると「社会的距離」という意味になります。具体的には、新型コロナウイルスを人にうつさない、自分がうつらないために、適切な距離をとる取り組みのことを指します。

お買物でレジに並ぶ時、ご近所さんとちょっとした会話をする時等、様々なシーンで、日々ソーシャルディスタンスを意識した行動がとられるようになっています。

そんな様子を見ていて、ふと思ったことがあります。

ソーシャルディスタンスは物理的に体同士の距離をとることですが、人には心の距離、すなわち「マインドディスタンス」というものもあるのではないでしょうか。

核家族世帯が当たり前となって久しい現在、いわゆる「おひとりさま」で暮らす高齢の方がどんどん増えてきています。また、若い方も独身で過ごす方が増加しています。

そんな中で、家族は遠く離れた場所に住んでいて気軽に会うことができない、いざという時に頼れる身内がいなくて困ってしまうといったお悩みを、多くの方から伺うようになりました。

昔は、一人では対処できないような困ったことがあると、遠い親戚等も含めた「一族」や、もう少し小さな「家」という単位で協力し合って対処するということが当たり前に行われてきました。

ところが今は、「家族」や「個人」を尊重する時代となり、なかなかそういったことができなくなってきています。

もちろん、時代の流れは必然で起こるものであり、やみくもに否定するつもりはありません。

でも、生まれ育ったところから離れたり、家族と遠く離れた地で生活をしている人たちであっても、久しぶりに家族に会うことができれば懐かしさがあふれ、なんとも言えない安心感に包まれることがあるのではないでしょうか。

そして、これは「マインドディスタンス」が近くなることで、起こってくることなのではないかと私は思うのです。

もしかすると私たちは、場所や状況に関係なく、「マインドディスタンス」の近い人を求めているのかもしれません。

もしも家族と対立していたり、故郷であっても嫌な思い出ばかりというような場合などには、久しぶりに会っても懐かしさも安心も感じることはできないでしょう。

つまり、物理的に場所が遠い近いということではなく、問題の解決法が分かる分からないでもなく、人は「心の距離」が近い人がいることで、安心したり、穏やかになったりすることができるものなのだと思うのです。

そう考えると、仮に血のつながりがなくても、「心の距離」が近い仲間がいることで、私たちは心豊かな生活を送ることができるということになります。

これまでの日本では、家や先祖という「縦社会」に重きをおく文化が受け継がれてきましたが、これからは、「縦社会」だけではなく、「横社会」というつながりを大切に育んでいくことが、「豊かな人生」を歩んでいく道となるように、私は感じています。

近年はＩＴ技術が急速に進化しています。今や、テレビ会議システムを仕事やプライベートで使うことが当たり前になっています。
距離が離れていても、直接会えなくても、「マインドディスタンス」の近い家族や仲間と気軽に顔をあわせることができる時代が、すでに始まっているのです。

血縁関係の希薄化により、血の繋がりがある人が誰もいないことを「無縁」と言います。今の社会を「無縁社会」というふうに呼ぶ人もいます。
しかし、私たちは誰もが「血縁」という血のつながりだけではなく、「地縁」（同じ地域の縁）、社縁（会社等の縁）や知縁（知り合いや仲間）等様々な縁があり、必ず「つながり」があって生きているもの。

小才は縁に出会って縁に気づかず、
中才は縁に気づいて縁を生かさず、
大才は袖すり合う縁をも生かす。

「縁」の大切さを説いた仏教の言葉です。

「あらゆるものが、あらゆる存在と結びつきあって存在している」ということ、そこに感謝が加わり、やがて「ご」をつけて「ご縁」と言われるようになりました。そして今では、日常でもよく用いられる言葉となっています。

「ご縁」とは、単に出会いを意味するだけではなく、その出会いの背景に広がるあらゆる存在にも目が向けられた、大きな広がりを表現する言葉です。

本当は「無縁」などというものはありません。

だからこそ、私は「無縁」という言葉をなくしたいと思うのです。

コロナの流行が収束した後にも、自然災害をはじめ、今後も大変な状況に陥ってしまう可能性は誰しもあります。

でも、マインドディスタンスの近い家族や仲間がいれば、どんな辛い状況であっても心を強く持ち、助け合いながら乗り越えていけるはずです。

「ご縁」を生かすために、何か大きな役割をなそうとする必要はありません。ちょっとした思いやりで十分、たとえば相手に寄り添い話を聞くだけでも、心は楽になるものです。

ソーシャルディスタンスをとらなければならない今だからこそ、マインドディスタンスは近くに！

お互いの心《マインド》や背景に寄り添いながら、ご縁を大切に豊かな人間関係を広げていきたいと思っています。

節目を大切に

祖父から繰り返し言われて、よく覚えている言葉があります。

「節目を大切にしなさい」。

長浜市の目の前に悠大に広がる琵琶湖には、竹生島《ちくぶじま》という島があります。周囲2キロほどの小さな島ではありますが、西国巡礼の第三十番札所として知られる宝厳寺《ほうごんじ》や都久夫須麻《つくぶすま》神社、国宝に指定されている唐門、重要文化財の観音堂など、古くから人々の信仰を集めていた場所です。

祖父は、竹生島の「竹」という字になぞらえながら「竹は節目がないと成長していかない。同じように人の成長にも節目が必要だから、人生の節目を大切にしなさい」と、ことあるごとに私に教えてくれたのでした。

先に述べたお食い初めや七五三といったことから、入学式、卒業式、成人式、結婚式……と、人生の節目には必ずと言っていいほどセレモニーがあります。
これまでの人生を振り返り、そして前を向いてこれからの人生を歩んでいく。皆様もセレモニーを通じて、そういった想いを強くする経験をされてきたのではないでしょうか。

人生の終わりに際して行われる葬儀や、その後に行われる法事にしてもそうです。
節目を持って大切な家族とともにご先祖さまに手を合わせ感謝の気持ちを伝えることは、誰にとってもとても大切な人生の節目と言えるでしょう。

２０２０年は、新型コロナウイルス感染拡大の影響を受け、病に苦しむ大切な人のお見舞いになかなか行けない、ご家族が手を取って看取ることすらかなわないという心痛む事態となりました。

また、葬儀に際しても、密を避けるためにお世話になった方々にお越しいただくことができず、家族だけで行うささやかな密葬が選ばれるケースも多々ありました。法事の場合には、執り行うこと自体を止めてしまわれるということも少なくありませんでした。

このような事態を受けて、節目としての葬儀や法事を執り行うことが、グリーフケア、つまり悲しみの中にある人をサポートすることにもつながっていたことを、それらに深くかかわる僧侶として、あらためて実感することになりました。

仏教では、ご臨終を迎えた後に葬儀を執り行い、初七日、四十九日、一周忌、三回忌、七回忌、十三回忌と法事が続き、大切に長くご供養を続けられる場合には現在でも三十三回忌までお勤めすることもあります。亡くなって数日から数カ月、数年の期間に渡って、継続的に節目をつくり供養を行うということが日本の文化として長らく受け継がれてきているのです。

葬儀という大切な人との別れの場を大切につくることは、亡くなられた方はこの世での日々を終えて、あの世において新たなる道を歩まれるためのこの世における最後の節目となるのでしょう。また、残された方々にとってはやがて前を向いて歩き始めるための、大切なステップとなるのだと思います。

そしてその後の法事は、残されたご家族の心が徐々に癒されていき、亡くなられた方とのつながりを感じながら、悲しみを感謝に変えて新たな生活を始めていくための節目となります。すなわち、この一連の流れには「亡くなったという事実を受容する」という大切な役割があるのです。

またこれらの節目は、亡くなられた方の属してきた組織体にとっても重要なことになります。

節目を作ることは、心を新たにするという心情的な影響も大きいものですが、節目を機にかかわる人たちがそれぞれの人生を振り返り、現実的な将来を前向きに考えるという大切な意義もあるのです。

時代の流れとともにつながりが分断され、一族や家でこの節目の大切さが引き継がれることが難しくなり、葬儀や法事は形骸化の一途をたどっていると言わざるを得ません。そしてそんな今、私たち宗教者が節目の持つ本来の役割をお伝えしていくことが非常に大切だと思ってきました。

誰もが予想だにしなかった新型コロナウイルス感染拡大により、従来の葬儀や法事を執り行うことができず、節目がうまく人生の区切りとしての役割を果たしづらくなったことで、僧侶である私自身、葬儀や法事の役割の大きさをあらためて思い知るかたちとなりました。

多くの方にこの節目の大切さ、本来の意味を知っていただき、たとえ形式的に難しい点が多くあっても、この役割を果たすことのできる新たな節目のかたちを、皆様とご一緒につくっていきたいと考えています。

その第一歩として、節目を大切にする習慣を、ぜひご自身の生活の中に取り入れていただければと思います。

それは決して難しいことではなく、たとえば節目の日に大切な方々と特別な食事をとるといったことからで十分です。お正月のおせち、誕生日のケーキ、お祝い事のお赤飯、お葬式のお斎《とき》等々、暮らしの中の特別な食事にも節目に際しての意味があり、先人たちが大切にされてきたという文化があります。

特別な食事に限らずとも、日々の暮らしの中で季節ごとの旬な食材を使った料理などを食べることで、節目を感じることはできます。良き食器を大切に扱い、感謝をもってよく味わって食べることもその一助となることでしょう。

その経験の一つひとつが、豊かな自然の恵みに、そして受け継がれてきた命への感謝につながり、人生をより豊かなものとするはずです。

人々がそのような心をもてる、そして日本の先人たちが大切にしてきた文化の素晴らしさを再確認できる社会になることを願っています。

見える世界と見えない世界

宇宙にある物質のうち、見える世界は全体の4％～5％ほどと言われています。実は、宇宙に存在しているもののほとんどが、私たち人間には見えていないのですね。

社会生活や日常生活において、私たちはつい「私が見ている世界が全てだ！」と思ってしまいがちですが、実際はそうではありません。

相手の気持ち、物事の背景、異なる価値観の文化……、見えないことが悪いのではなく、見えていないこともあると謙虚な気持ちを持つことが、思いやりや心づかいにつながっていくものなのだと思います。

岐阜県出身で、小学校教師として長年勤められた後、岡崎女子短期大学の教授として活躍された宇野《うの》正一《まさかず》先生という方がおられました。ここで、宇野先生が小学生だった頃のエピソードをご紹介したいと思います。

ある日のこと、正一少年が彼の通う小学校の理科室に顕微鏡がやってきました。理科の授業でミジンコなどの微生物が大きく見える顕微鏡の力に驚いた正一少年は、いつもおじいちゃんが言っている「お米の中の仏様」を見てやろうと思い立ちました。

正一少年のおじいちゃんは大変しつけに厳しい人で、食事の時にお茶碗からご飯粒を落とすと「お米の中には仏様がおられる。だから一粒も無駄にしてはいけない」と厳しく叱られていたのです。

正一少年は早速、自分の弁当箱からご飯粒を取り出して顕微鏡で見てみたのですが、いくら倍率を上げても仏様の姿は一向に見えません。そこで、正一少年はどうして仏様が見えないのかを先生に質問します。すると先生は笑って「何をバカなことを言っているんだ。そんなものは迷信だ」と答えたのでした。

家に帰った正一少年は「おじいちゃんは嘘つきだ！」とおじいちゃんのことを責めます。それを聞いたおじいちゃんは「バカ者！」と怒鳴った後、とても寂しそうに仏壇の前に座り手を合わせて念仏を唱え続けていたそうです。

やがて大人となり親となった宇野先生。自分自身が子供たちと食事をして、命の大切さを知ってほしいと願った時、「お米の中には仏様がおられる」というおじいちゃんの言葉を思い出してハッとしました。

そして、あの時「おじいちゃんは嘘つきだ！」と言ってしまったことを強く後悔し、そのように育ててくださったおじいちゃんに深く感謝したのだそうです。

もちろん、顕微鏡でお米を見ても仏様は見えません。でも、毎日ありがたくいただく大切なお米に仏様がいらっしゃるという世界観。

多くの尊い命をいただくことなしに、私たちは一日たりとも生きていくことができないということを、その命を仏様として敬うことで感じ取っていくというこの感覚こそ、日本で昔から受け継がれてきたもののように思います。

そして、この感覚こそが、幼い時には気づかずとも、成長とともに気づきをもたらし、人間を豊かに育てていくものなのではないでしょうか。

「もったいない」という日本語は、今では「MOTTAINAI」という言葉として世界中から注目を集めるようになっていますが、もともとは仏教用語です。

本来、「勿体」は「物体」と書き、「物のあるべき姿、物の本質的なもの」を意味していたようです。この「物のあるべき姿、物の本質的なもの」が「無い」ということなので、「もったいない」とは「物の本体はない」ということを意味していたことになるのです。

つまり、この「もったいない」の本来の意味は、仏教における「この世に何一つとして独立して存在しているものはない」「物事はすべてつながって存在している」といった思想に通ずるということです。

「もったいない」という言葉の根底には、当たり前のことは何一つなく、私たちはつながりあい、支え合って「生かされている」という真実があるのです。

2004年にアフリカ人女性として初めてノーベル賞を受賞したケニアのワンガリ・マータイさんは、そのような奥深い「もったいない」という日本語を知って、このように話されました。

「ものを大切にし、心豊かに生きてきた日本人の心、生き方そのものだ」

まだ使えるものを捨てる時、食べ残してしまった時、何かを無駄づかいしてしまった時……、様々な場面で「もったいない」と思う瞬間があるでしょう。「もったいない」という言葉は、仏教という枠を超えて、ものの価値や大切さという見えないものを重んじる日本の文化そのものなのかもしれません。

「おかげさま」という言葉も日常的によく使われますが、これも仏教的な言葉です。神様や仏様などによる目に見えない加護を「お陰」と言い、それに敬意を込めて「様」をつけた言葉が始まりだと言われています。

この言葉の意味を噛みしめることのできる詩をご紹介させていただきたいと思います。

「おかげさま」　上所重助《かみところしげすけ》

夏が来ると「冬がいい」と言う
冬が来ると「夏がいい」と言う

太ると「痩せたい」と言い
痩せると「太りたい」と言う
忙しいと「暇になりたい」と言い
暇になると「忙しい方がいい」と言う
自分に都合のいい人は「善い人だ」と言い
自分に都合が悪くなると「悪い人だ」と言う

借りた傘も　雨が上がれば邪魔になる
金を持てば　古びた女房が邪魔になる
所帯を持てば　親さえも邪魔になる

衣食住は昔に比べりゃ天国だが
上を見て不平不満の明け暮れ
隣を見て愚痴ばかり

どうして自分を見つめないのか
静かに考えてみるがよい
一体自分とは何なのか

親のおかげ
先生のおかげ
世間様のおかげの固まりが自分ではないか
つまらぬ自我妄執を捨てて
得手勝手を慎んだら
世の中はきっと明るくなるだろう

「俺が」、「俺が」を捨てて
「おかげさまで」、「おかげさまで」と暮らしたい科学が発達した現在は、形や色、数字で確認できるものだけが正しい、また正解をひとつだけと決めつけてしまう風潮が強くなっているように思います。

けれど、これは有名なお話ですが、「氷が溶けたら何になりますか?」という質問があった時、どのように答えるでしょうか?もちろん「水になる」というのが正解ですが、「春になる」というのも正解なのです。


学校のテストでは、決められた答えと合っているかどうかで点数をつけて、それをもって優劣の評価をしています。勝負事も勝ったか負けたかだけで判断する。でも、そのような社会の中にあっても、多くの皆様がそれだけが重要なのでは決してないことを分かっていらっしゃるのではないでしょうか。

「優しさ」や「思いやり」といったことは、テストなどの数字では表しづらいものです。でも、数字で表せない「見えないもの」こそが、人として生きる上で欠かすことのできない尊いものなのです。

私たちは、「見えるもの」と「見えないもの」に支えられながら日々生きています。

仏教では、全体が見えることを「智恵」と言います。見える世界と見えない世界、両方を見ることで全体が見えてくる……。

日々の生活でも、見えない世界を感じて、見える世界との「調和」を心がけることを忘れてはなりません。

「物事はね、心で見なくてはよく見えない。一番大切なことは目に見えない」。

フランス人の飛行士であり、小説家であるサン＝テグジュペリによる『星の王子さま』の有名な一節です。

「絆」「愛」「思いやり」など、年を重ねるにつれて、今まで見えていなかったことが見えてきます。様々な経験を通し、物事の後ろにあるもの、背景が少しずつ見えてきて、それらに心が動かされるようになるのです。

そうして、世の中の全ての物事に感謝の気持ちが芽生えていきます。

コロナ禍になり、今まで「当たり前」だったことが当たり前ではなくなりました。大変なことではありますが、その一方で「ありがたさ」に気づかされたことも多くあります。

「ありがとう」の対義語は「当たり前」だといいます。「有り難し」、つまり有ることが難しい、稀である、めったにない……、それが感謝を現す言葉になったのです。

仏教では「人間に生まれることは難しいこと、有り難いこと」と説かれます。私たちがそれぞれこの世に生まれたことは、決して「当たり前」のことではありません。奇跡と言っても差し支えないでしょう。そのことを、仏教では「有り難し」と言うのです。

見える世界は、見えない世界に支えられています。すこし立ち止まり、静かな時間を持って、見えない世界に思いをはせる時、大きな広がりが生まれていきます。

二度の死

「人は二度、死を迎える」

仏教では古くから、そのように言われています。

二度も死を迎えるとは、一体どういうことなのでしょうか。

一度目の死は、「肉体の死」。

これは皆様にも容易に想像することができるでしょう。私たち人間はもちろん、生きとし生けるもの。動物も、植物も、すべてのものが必ず迎え経験しなければならないもの。それが、「肉体の死」です。

そして二度目の死は、「忘却」です。仏教では、「その存在が誰の記憶からも忘れ去らされた時、人は二度目の死を迎える」と教えられているのです。

人間にとっての本当の死とは、寿命を迎えたり、病に倒れたりして、肉体が死ぬことだけを指すのではありません。人々から忘れ去られる二度目の死をもって、はじめて本当の死を迎えるものなのです。

これはつまり、「肉体の死」は、人間にとっての完全なる終わりではないということです。死んでなお、生き続ける「いのち」があります。

「肉体の死」を迎える時、亡くなられる方ご自身はもちろん、その方の周りを囲むたくさんの人々に、大きな悲しみが襲いかかってきます。

僧侶として葬儀という場に携わらせていただいていると、「母が死んでしまったなんて信じられない」「まさか父が亡くなるとは思わなかった」というような言葉を伺うことがよくあります。

もちろん、入院されている病院へ何度もお見舞いに行き、弱っていく姿を間近に見てこられているのです。十分に覚悟もされていたはずです。それでも、信じがたい、そんなふうに感じる方がとても多いのです。

中でも、お子さんに先立たれた親御さんなどは、お子さんの死を受け容れることができず、本当に辛い思いをされます。

それからしばらくの時が経ち、法事のお参りに伺った時には、悔いる気持ちが募って、涙ながらに「なんとか謝りたい」「許してほしい」といった心の内をお聞かせいただくことも少なくありません。

ただ、そんな中でも少しずつ心の中に変化が訪れます。大切な人の「死」を受け入れようと心を整理されていく中で、故人との「新たなつながり」や「新たな出会い」を経験されるのです。

寂しさや悲しさの中にあっても、故人の想いが、温かく穏やかな言葉として心の中に響いてくるようになります。

悲しみの中に贈り物があります。

亡くなられる方は、死を通して、その生涯、その「いのち」を、遺された方々に贈るのです。

そして、その「いのち」のバトンが受け取られ続ける限り、人間が本当の死を迎えることはなく、遺された方々と共に生き続けることができる……。私はそれが真実だと確信しています。

そのような視点から見てみると、葬儀や法事、お墓参りといった場の持つ意味も、少し変わってくるのではないでしょうか。

葬儀は、遺された人の立場から、故人のために行うものと思われています。また親戚同士が集まる貴重な時間として、遺された人同士の繋がりを強めるためという側面もあるかもしれません。

しかし葬儀とは、遺された方から故人のために行われるというだけではなく、実は、故人から遺された方々のために行われるという意味もあり、一方向ではない双方向の大切な時間であることを決して忘れてはならないと思うのです。

肉体の死を迎えてなお、遺された方々へ贈る「いのち」のエネルギー。このエネルギーを遺された方々にしっかりと送り届けること。それこそが、葬儀や法事のもう一つの大切な役割なのです。

僧侶としてお参りに行く際には、遺された方々の想いをしっかりと故人へと届けるために、そして同時に故人の想いをしっかりと遺された方々に届けられるようにと、お祈りをさせていただいています。

日々の慌ただしい暮らしの中で、「誰一人自分のことを分かってくれない」「誰にも愛されていない」というような孤独を感じることもあるでしょう。

しかし、文字通り「人との間に生きている」人間である私たち。その存在は、自分だけでつくられているものではありません。

長所や短所、癖など、人から言われて初めて自分自身について気づかされた経験がある人も多いのではないでしょうか。周囲から見守られている自分、応援されている自分、そうした人の目に映る自分も含めて、私という存在は形づくられているのです。

一度立ち止まり、周りをゆっくりと見渡してみてください。

親や兄弟といった家族はもちろん、友人や恋人、ひいては街ですれ違うたくさんの人の中にも、あなたを思いやり、大切に思ってくださる方が必ずいます。

人はみな、誰かを愛することで「生きる力」を得ています。そして同時に、誰かに愛されることによって、「生きる勇気」をもらっています。

人の命は、その人だけのものではなく、その方を大切に思っている方々の命でもあるのです。

あなたは一人ではありません。

どうか心の目を開き、一人ではない私として、どんな時も輝いて生きていってください。

第3章

惟神に生きる

「大和の智慧」で現代社会の問題を乗り越える

古代日本人は、日の出と共に目を覚まし、日没と共に寝床に入るという生活をしていました。しかし、時代の変遷や文明の発展により近代化された今日、休むことを知らず眠ることのない都市部の街は、常に何かに追われるように猛烈なスピードで動き続けています。

しかし、一体、何に追われているというのでしょうか？人は一日の内に幾度も恐怖や不安に苛《さいな》まれ、起こりもしない事柄についてあれこれ考える妄想に莫大な時間を費やしています。なんと、非生産的で非効率な時間の使い方をしているのでしょう。

時間は命です。

命を楽しく面白く輝かせましょう。
限りある命なのですから。

殺伐とした都会は、潤いがなく砂漠のように飢え乾いています。そこに住む人たちの心もまた砂漠のように乾いています。

私が都内の救命救急センターに勤務していた際にも、孤独や淋しさから自殺を図る女性、いじめを苦に自殺する子供、仕事のストレスや借金苦から電車に身を投げたサラリーマンなど現代社会の歪んだ一面を垣間見てきました。

訪れる多くの患者に欠けていたものは愛であり、愛こそが心の深い傷をも癒すことができる唯一のエネルギーだと実感しました。

現代社会は、全て力が支配する社会であり、政治は権力、軍事は武力、経済は金力、教育は学力です。力づくで物事を進めていった結果、対立構造が生み出されて闘争が起こり、未来が行き詰まってしまいました。

今日の日本は、あらゆる分野において力で物事を進めてきた仕組みの限界を迎えています。この私たちを取り巻くなんともいえない閉塞感を打破するためにも、どこかで社会の仕組みそのものの根本を立て替え立て直しする必要があるのではないでしょうか。

力による競争社会は、「われよし、つよいものがち」の考えで、誰かが誰かを力で蹴落として自らが勝ち残っていくという世界です。それは、武器を持たない戦争であり、サラリーマンたちはまさに企業戦士なのです。

心理学では、このような社会環境に対する心理的な反応を「闘争・逃走反応」といいます。何事も忍の一字で耐え忍び、心と身体を犠牲にして仕事を続けると、心身の不調を起こします。

いまこの本を読んでいる時に、歯をきつく噛みしめていませんか？

呼吸を意識してみましょう。呼吸は速くありませんか？

歯を噛みしめ呼吸が速かった人は、交感神経が常に高ぶっている人です。顎の筋肉を緩め、呼吸を意識してゆっくりと呼吸しましょう。このことを意識するだけでも、副交感神経が優位になり緊張から解き放たれるはずです。

歯を噛みしめて眠ると入眠中の歯ぎしりで眠りが浅くなり、たくさん眠ったはずなのに朝目を覚ました時にもまだ眠気や疲労が残っていて、しかも肩こりや頭痛で目が覚め、そこを我慢して会社に出勤するという人たちがたくさんいます。

しかしこれでは、日内変動（サーカディアンリズム：体温や心拍数、睡眠といった生体リズムが体内時計によって１日のなかで変動すること）の変調をきたし身体を病んでしまいます。

私も２０１８年12月末に以前勤務していた大学を退職したことによって職場

のストレスから解放されました。すると、体重が10kg減少し、それまで毎年春になると悩まされていた花粉症が治り、下痢もなくなり健康診断で指摘されていた肝臓の異常値も正常値になりました。身体全体の免疫力が上がったのです。ストレスが与える身体への影響がいかに多きいものなのかを、自身の身体の状態を通じて知ることができる機会となりました。

競争社会に身を置くということは、日々ベクトルを外に向けながら他人と比較しては苦しむという生活の繰り返しではいないでしょうか。人は本来苦しむために生まれてきたのではないのに……。

苦しみはストレスを生み出し、私はその心の痛みを麻痺させようと甘いものや味の濃いジャンクフードを食し続けました。満たされない心を過食で満たそうとしたのです。痛みを痛みで麻痺させようという防衛反応です。

このような悪しき生活習慣は身体を次第に蝕み、体重が増加して肥満になり、飲酒もしないのに肝機能が異常値を示し、血糖値も異常になったのです。眠りは、歯をきつく噛みしめて眠っているために入眠中の歯ぎしりで睡眠が浅くなり、すっきり目覚めることはなく、頭痛や肩こり、全身の倦怠感で朝を迎えるという日々でした。

日々の生活の中で起こってくる一切の事柄は、自分のありようを知るための機会です。この世の中に現れる一切のことは神様のみはたらきであり、神様の恵みです。そのことをよく認識して、起きてきたことを自身の向上のために必要なことだと捉えて生きていくことが必要なのです。

どのような事柄が起きようとも、それは己にとって必要なことだから起きています。無駄なことや不必要なことは絶対にありません。偶然はなく、全て必要・必然・ベストで事象が表現されていくのです。

人間の一生には、様々な事態が発生し、幾多の困難にも見舞われます。しかし、如何なる場合でも、一番力になってお助けくださる方は神様なのですから、そのことを忘れてはなりません。

古代日本人が大切にしてきた「惟神《かむながら》」という生き方は、自然のながれのままに神様にお任せする気持ちや行動によるものです。

神様は万事都合よくしてくださるものです。国土の大神様が人類を御守護してくださるのは、神様と人との関係が、親子同様の間柄だからです。ですから、人は神様をまことの親と思いお慕いしていけば一切が良き方に方向づけられるのです。この世は、自力だけでもある程度は栄えていきますが、これには限度があります。永久に栄えんと欲するならば、他力すなわち神様にお任せする強力な信仰的信念が必要となるのです。

物質主義的価値観に基づいた世の中のあらゆる業態の仕組みは限界に達し、さりとて、どのようにして目前に積み残された様々な課題や問題を乗り越えていくのかという具体的な解決策は見つかっていません。

かつては、欧米からシステムや思考をそのまま輸入して、それをそっくり翻訳することで問題解決を図ってきたのです。私の関わる救急救命士の世界を見ても、平成という御代では欧米からの技術や知識を取り入れることで制度の発展を遂げてきました。

医療専門職が目に見える技術を磨くことは、他者から評価されやすいために、どうしても技術を磨くことに多くの時間やエネルギーを費やしがちになります。ましてや、人の命を救うという場に臨み、命を救うことができたときには自分の力量に惚れ惚れする自己陶酔や錯覚を起こしやすいものです。

しかし、「私が人の命を救った」というのは、大変傲慢な考えの表れです。神様のお力によって命を救うお手伝いをさせていただいているに過ぎないという謙虚な姿勢で臨むべきだと思います。

技術という目に見える自分の外面を磨くことばかりを追い求めると、競争して人を蹴落としてでも自分が優位に立とうとするものです。

そして、そのような競争社会で暮らしていると、ベクトルを内に向けて自分自身を見つめるという時間を持てず、常にベクトルは外に向き他人と比較して傷つき苦しみ、神の子である尊い自分がどんどん嫌いになっていくという負のスパイラルにはまり込みます。神の子である自身の否定は、ひいては神様のご存在の否定にもつながってしまうのです。

私は、大和民族の思想や行動様式にある「大和の智慧」こそが、生きづらいストレス社会における皆様の心の傷を癒す処方箋としてはたらき、これによって現代のあらゆる問題を乗り越えていけるものと信じます。

肉体に栄養が必要であるように、身魂にも栄養が必要です。本書は飢え乾いた心に余裕と潤いを与え、歓喜を呼び起こす栄養となることでしょう。

そして、神と人とがともに栄える静けさとやすらぎの「神人和楽《しんじんわらく》」により、己が心の平静と平安が訪れ、あなたが光となり周りの人たちも自然と清められるに違いありません。

「ケガレ」を清める方法

神道のお清めには、「火」や「水」、「お酒」、「お米」などとともに、「お塩」がよく用いられます。日常生活を振り返ってみると、葬儀の後に会葬者にお清めの塩が配られたり、大相撲の力士が土俵にお塩をまいたり、小料理屋の店先に盛り塩が置かれていたりと、お塩は私たちの生活に一番密着した清めのアイテムになっていることがわかります。

お塩は私たちに付いた気枯《けが》れを祓うだけでなく、邪気を寄せ付けない、とも言われています。

興味を感じた方は、小さいサイズのチャック付ビニール袋にお塩を入れて一度試してみてはいかがでしょうか? 実際に、制服のポケットなどに、清め塩を入れている看護師さんにお会いしたこともあります。ただ、年がら年中入れっぱなしではなく、「何となく力が弱まってきたな」と感じたときには取り替えるようにしてください。

仕事が忙しく不安になりそうなとき、気が重くてため息が漏れるとき、イライラするとき、ひどく疲れを感じるときなどには、ちょっと席を外して洗面所へ行き、ていねいに手を洗って、口をすすいでみてください。これも立派なお清めです。

ただし、手を清潔にすることだけを目的にせず、「悪い気を水で洗い流し清める」という意識をもってすることがとても大切です。

家に帰ってシャワーを浴びるときには、足の裏をお塩で揉みます。お酒一升を入れたお風呂の湯にゆっくりとつかって、深呼吸するのもおすすめです。歌を唄うのも、悪い気を抱えこまず、放出するよい方法です。マイナスエネルギーを洗い流し、生き生きとしたエネルギーをいただく、というイメージをもってください。

天然塩には殺菌効果や保湿効果があると言われ、最近ではさまざまな香りのバスソルトも売られています。アロマ（お香）には浄めの作用があり、自分の好きな香りは、疲れを癒しリラックス効果を高めてくれるでしょう。

お清めの実践・実行は幸せへの第一歩となります。

「場」を清める方法

私たちの生活する場所、仕事をする場所、そして遊びに行く場所、移動する場所には、いつもさまざまな出来事があり、さまざまな人々の想念が渦巻いています。

「好い気」もあり、また「悪い気」もあり、私たちはそういう煩雑な事柄や人の想念から発せられる「気」に接することで、元気になったり、楽しくなったり、嬉しくなったり、反対に辛くなったり、落ち込んだり、怒りやすくなったりします。

私たちの霊魂は、場の影響を非常に受けやすいデリケートなものです。霊魂を良き状態に整えるために、プラスもマイナスも入り混じり、混沌としたエネルギーが充満する空間を一度ゼロにリセットするのが、「場を清める」という行為です。

たとえば家の新築、ビルや建築物を竣工する際に行われる地鎮祭も、さまざまな歴史や想いの詰まった土地を、新たな未来を作るために一度ゼロにリセットするための儀式です。そこまで大がかりではないとしても、自分のいる空間を心地よくするためには、まめにリセットすることをお勧めします。

リセットとは、つまりは掃除、そして断捨離です。

知らず知らずのうちにたまったゴミやほこり、汚れ、そしてたいした意味もなく持ち続けている昔のカレシの写真（笑）などの不要な品々。

それらは部屋を狭くし、乱し、空気を汚します。そしてそういうマイナスエネルギーに触れていると、私たちの「気」も乱れ、本来は水晶球のようなきれいな霊魂が濁り、曇ってしまうのです。

さあ、掃除をしましょう。まずは換気です。悪い気を追い出し、新鮮な好い気を部屋に入れましょう。壊れたもの、使わないもの、着ない服、意味のない記念品、読まない本、古い雑誌など、あなたの「気」を乱す不要なものは処分してください。それだけでかなり部屋も気分もすっきりするはずです。

そして、掃除機でていねいにゴミやほこりを吸い取り（ほこりも「悪い気」も部屋の四隅にたまります）、次は拭き掃除です。水道の蛇口で雑巾を濡らしてもいいのですが、できればバケツに水を汲んで、そこにお塩を一つまみ、お酒も少々加えれば、さらにお清めの効果が高まります。ただしお塩もお酒も入れ過ぎは禁物。べたつきます。

きれいになった（マイナスをゼロにリセットした）部屋には、自然の「気」を取り入れるためお花や観葉植物を置きましょう。アロマやお香を焚くのもお勧めです。これでリセットされた部屋に、今度はプラスのエネルギーが満ちていくのです。

自分の家や部屋なら、このように気のすむまで掃除をしてお清めすることができますが、公共の場所ではなかなかそういうわけにもいきません。そんな時は、書道半紙が役に立ちます。

紙もまた、神道のお清めに用いられる大事なアイテムです。たとえば、神職が不浄を祓う大麻《おおぬさ》、注連縄《しめなわ》などに垂らして聖域を表す紙垂《しで》、そして大晦日の大祓《おおはらえ》などに使われる形代《かたしろ》は、白い紙を切ったものです。人の形に切られた形代には自分の名前と年齢を書き、身体を撫でてから息を三度吹きかけ、自分の罪や穢れを移します。それを神社に納めて、わが身の代わりにお清めしてもらうのです。

私は、低出生体重児で生まれた我が娘の保育器を、紙（半紙）を用いて拭いたことがあります。保育器はもちろん消毒されていて、とても清潔です。しかしそこには、たくさんの小さな赤ちゃんたちの命を懸けた壮絶な戦いの歴史や記憶、それを取り巻く家族の強い想念などが残留しているはずで、私の目にはぼんやりと曇っているように見えました。

それをお清めするために、半紙を使って何度も何度も保育器を撫でました。次々に新しい半紙を使って、「これでよし」と思えるまで繰り返しました。

すると、突然パーッと光が射したように、保育器の中が明るくなったのです。「気」が目に見えないように、お清めの効果というものも目には見えないもの。基本は、心で感じるしかありません。しかしそのときは、まるで映画の特殊効果か何かのように、保育器の曇りが晴れ、視界がクリアになり、私の目の前に光が現れたのです。

そのために娘は助かったのであり、そうしなければ助からなかった、などと言うつもりはありません。しかし、困難に直面する真新しい命を、せめて清められた「場」からスタートさせたいという、親の必死な思いが通じたかのようなその光に、私は神様を感じ、大いに安堵し、慰められ、「娘は間違いなく大丈夫」と確信することができたのです。

光が射すかどうかは約束できませんが、お水の使えない場所、お掃除や片付けのできない場所やものは、半紙を使って拭いてみることをお勧めします。使用した半紙の処分は、家の庭や軒下などにお塩をまいてから、そこで燃やすといいでしょう。焼くことが難しい場合には、海岸や川岸で燃やしても構いません。

お清めの実践・実行は、新しい物事、仕事、出会い、学びを生み出すことにつながります。

弥盛成地《いやしろち》―本当のパワースポット―

パワースポットと呼ばれている場所の多くは、たとえば、豊かな自然に恵まれている場所、水の流れる場所、水の湧き出る場所、火山など、言わば大地のエネルギーにあふれたところ。

気分をリフレッシュさせてくれたり、疲れた心を癒してくれたり、あるいは元気パワーをチャージしてくれるようなスポットです。あるいは、そこへ行けば願いがかなう、運が向いてくる、ツキに恵まれる、などと信じている人もいるかもしれません。

「パワースポット」という言葉は、和製英語のようです。パワースポットに相当する場所は、古くから世界中に存在しています。

たとえば有名なギザのピラミッドやイギリスのストーンヘンジ、ナイアガラの滝といった多くの世界遺産もパワースポットとされていて、たしかにその壮大で荘厳な景色には、神秘的な力が秘められている気配があります。また、エルサレムやメッカ、ルルドの泉などのようにさまざまな信仰と結びついた聖地は、大昔から今日まで、その強力なパワーで多くの人々を引きつけています。

パワースポットへ行けば、必ず病気が治り、願いがかなう、あるいは金運がよくなる(?)というような即物的・即効的な効果がすべての人にあるかどうかはわかりませんが、日本で言えば、八百万《やおよろず》の神様が宿る自然豊かな場所は、深い緑や新鮮な空気に満たされてマイナスイオンも豊富です。

そこが温泉なら、心身を清めてくれると同時に、肩こりや腰痛解消も期待できるかもしれません。しかも、そこを訪ねて行ったり（軽い運動）、美味しいものを食べたりすることで、体も心もリフレッシュすると「感じる」のは、ほんとうにその通りだと思います。

江戸時代の日本では、パワースポットは「弥盛成地《いやしろち》」と呼ばれ、神聖な場所、清浄な場所、神様が宿る場所・草木が勢いよく育つ場所、とされていました。そして、そういう場所の多くには、ご神木があり、神社や祠が建てられています。

現在、日本でパワースポットと呼ばれているものの多くは、伊勢神宮や出雲大社を始め、全国津々浦々の神社の境内などに点在しているのですが、「この岩がパワースポット」「この木がパワースポット」などと指定したのは、後世の霊能者や占い師と呼ばれる人、あるいは旅行会社などだったりするのではないかと思います（ちなみに注連縄が巻かれているご神木を撫でたり、抱きついたりする人もいるようですが、昔の人は、木のパワーを注入するどころか、「触ると祟りがある」と恐れていました）。

パワースポットブームは、まったく悪いことではないと思います。どんなことがきっかけだとしても、たくさんの人が神社に参拝してくれるのは神職としても嬉しいことですし、自然に囲まれた神社の境内を歩き、神様に語りかけ、そして自分を見つめる静かな時間は、あなたにたっぷりとプラスの「気」をチャージしてくれると思います。

しかし、せっかく神社に来ているにもかかわらず、お参りもせずにパワースポットを探し歩き（時には立ち入ってはいけない場所にも入り）、パワースポットとされる石や木に触れ写真撮影し、キャーキャー騒いで、あとはさっさと帰って行く、という残念な人がいるのも事実です。

神社の境内というのは聖域です。自分の身を清めることもせず、ずかずか入り込み、参拝も形式的に済ませパワースポットに直行。インスタ映えする写真を撮って自分の思いさえ遂げたら満足して、はい、さようなら……。そういう人たちの願いを、神様が聞き入れてくれるとは、私にはどうしても思えないのです。

あなたの次にそこを訪れる人もいるのです。ごみを捨てるなどはもちろん、私利私欲でその場の「気」を汚し、石や植物など、訪問時の記念品を持ち帰るようなことをしては絶対にいけません。

たとえガイドブックには載っていなくても、たとえ有名人に取り上げられていなくても、そこにいることで心が洗われ、癒され、新しいプラスの「気」が満ちて活力が湧いてくる……。このように感じられる場所があなたの本当のパワースポットです。毎日の生活の中で、あるいは旅先で、偶然そういう場所に出会えたなら、あなたはそこへ「行った」のではなく、「導かれた」のかもしれません。

逆に、たとえば富士山のように、そこがどれほど有名なパワースポットであったとしても、もしもあなたが何も感じないのなら、そこはあなたにとってのパワースポットではない、ということだと思います。

そしてあなたがもし、つらい現実をどうしても変えたいと願っていたり、どうしてもかなえたい夢を持っているならば、「パワースポットを探そう」ではなく、「運は自分の力で変えられる」という気持ちを持つことです。

「神様お願い」と、最初から他力本願に走るのではなく、まずは自分の生活習慣や環境を変え、行動を変え、動き始めることが大事です。その行動の先にこそ、本当のパワースポットがあるのだと思います。

世のけがれを知らぬ幼児《おさなご》

幼い子供たちに先立たれることは、愛する家族にとっては大変つらいことであり、できることならば自分が代われないものかとすら思うものです。しかし、天命には逆らうことができません。その年でその子の使命を終えたと理解させていただくことです。

幼い子供は身体も未熟であるため、霊体が整うまで霊界で成長するといわれています。その成長を手助けする大きな力は、家族や親族の丁寧なお祀りを通じて御霊を想う祈りのエネルギーです。この想いは、必ず御霊に届きます。なぜならば、霊界は想念の世界だからです。真心を込めた御霊まつりを行いましょう。

流産の場合には、それが分かったときに名前を付けてあげてください。普通に生まれてくることが出来た子供と同じに、御霊まつりをいたしましょう。

性別が分かる場合には性別にふさわしい名前、性別が分からない場合はどちらでも通用するお名前を付けてあげましょう。胎児には霊魂が宿っています。命の始まりは、母胎に宿った時点です。

一年間に失われる胎児の生命は届け出数だけでも十六万八千人。その内十代の中絶件数は約一万五千件にのぼります。戦後七十年に葬りさられた生命は総計三千九百万の約二倍、七千八百万人にもなると言われています。これが我が国の命の悲しい現実なのです。

少子高齢化が叫ばれ、近い将来日本民族が消失してしまうのではないかと危惧されていますが、欲望のままに後先を考えずに気ままに快楽を求めた結果、消えゆく幼い子供の命が存在することを忘れてはなりません。この現状を垣間見るに、国を守るために命を懸けて亡くなっていった靖国神社の英霊が私に囁きます。「命を粗末にするな！」「命を大切にしよう！」「ぼくらは生きたかった！」と。

水は悲しみの象徴です。生長の家の創始者谷口雅春先生は、「津波災害は、霊界の人工中絶流産児の涙の集積である」と説かれました。今を生きる日本人は、東日本大震災のあの大津波から深く命について向きあい学ぶ必要があるのです。

大本の開祖出口王仁三郎聖師は「災害は人の心の反映なりけり」とお示しされています。現在危惧されている南海トラフ・首都直下型地震等の災害も、人間たちの生命に対する向き合い方を変えていくことで、大難を少難、小難を無難にしていけるものと思います。

家の幸福と氏神絶対信仰

あなたは自分の家の宗教がなんであるかご存知でしょうか?

神道、仏教、キリスト教。仏教であるならば、真言宗、天台宗、浄土宗、浄土真宗、曹洞宗、臨済宗、黄檗宗、日蓮宗等の宗派があります。まず、わが家の宗教は何なのかをきちんと知ることが大切です。

これをきちんと把握しておらずに身内が急に亡くなり、葬儀社に「わが家は仏教なのですが、宗派がわかりません」と僧侶の依頼をすると本来の宗派とは異なる僧侶が派遣されるケースもあります。自身の葬儀は、どのような宗教でどのような形で最期を迎えるのかを今から準備をしましょう。早すぎることはありません。

私たちが生きている世界は、妬み、嫉み、誹《そし》りが渦巻いています。それらの想念エネルギー（邪気）は固まりとなって、自分の身の周りの人間関係や職場や取引先等にトラブルという形で影響を与えてきます。それらからご守護くださるのが、神様やご先祖様です。

家庭には必ず神様をお迎えして、その神様をお祀りする神棚を設け、日々祈りましょう。また、亡くなったご先祖様の「御霊《みたま》」をお祀りする祖霊舎や仏壇を設けて、お祈りいたしましょう。宗派もわかっていないようでは、お祀りすることもできません。神様とご先祖様に祈ることは、幸福への第一歩です。

我が国は世界無比の神国です。天照皇大御神をご先祖とする万世一系の天皇を戴く、世界で最も古い尊厳無比なる国です。西暦よりもはるか６６０年前に我が国は建国されました。建国の地は、奈良県の橿原《かしはら》の宮において初代神武天皇が御即位あそばされたのです。

神様をお祀りする全国各地の神社は、国民の日々の生活と密接に関係しており、本来の神社とは国家と不離の関係にあるのです。しかし、戦後、ＧＨＱ（連合国軍総司令部）による神道指令や政教分離の原則により、神社は数ある宗教団体のひとつとして位置づけられるようになりました。かつて、神社が国家から厚き待遇を受けていたのも、その大切な使命と役割を理解していたからなのです。

皆さんにとって最も縁深く直接にお恵みをくださるのは氏神（産土神《うぶすながみ》）です。神道の最奥極意とは、氏神（産土神）への絶対信仰です。我が国の国民は、誕生するとすべての国民が漏れることなく氏神（産土神）の氏子（産子《うぶこ》）になります。

「うぶすな」は「うむすな」ともいい、自分の生まれた故郷の土地から出る強い放射性元素の実体です。目には見えませんが、土地の霊界が発する気のことです。「お土産」とはその土地の名産品のことであり、「地産の霊気」に満たされたものであるためにそのように呼ばれるのです。

しかし、現代社会は菩提寺の檀家であるという意識はあっても、氏神（産土神）の氏子（産子）であるという意識は極めて希薄になっています。本書を通じて我が国は、天皇国日本として御神霊の実在する国柄であること、氏神（産土神）の絶対信仰の必要性を理解していただければと思います。

氏神とは、自分の氏の神様である一族の祖神《おやがみ》様をいい、産土神は自身の産まれた土地、または居住地の土地を守護される神様のことです。現在では産土神を氏神と呼ぶようになり、両者の区別は不明確で混同されて用いられています。

氏神と氏子は、親子の間柄にあって、私たちの日々の暮らしを親が子を見守るように常に寄り添い行動を観察しておられます。善き事をなせば幸福を授けてくださり、悪事を行えばお叱りをうけます。

私たちの幸不幸は、すべて氏神（産土神）の手の内にあるのです。

神秘の宝石・真珠の珠

真珠は葬儀において着用することを許されている唯一の宝飾品であり、女性の嫁入り道具としても用いられ、格別な位置づけがされている神秘的な霊石です。

何より「真珠」という言葉には、「心珠」「神珠」という言霊が宿っており、霊性を語る上では欠かせない特別な存在です。ここで少し、真珠について詳しくお話ししてみましょう。

真珠は、海水のエネルギーに満たされ、潮の満ち引き、月の引力の影響を強く受ける海で育まれます。潮の満ち引きのリズムは、人の生死に関わりが深く、満ち潮のときに人が生まれ、引き潮のときに息を引き取るといわれます。また、女性の月経や出産も月の影響を大きく受けています。「初潮」に「潮」という文字が使われていることからも、その関係性の深さをうかがえます。

潮（塩）のエネルギーの結晶とも言われる清らかな真珠は、まさに「女性」「いのち」「受精卵」「みたま」を表します。先にも述べたとおり、神事においてお塩は非常に重要であり、神社において行うお祓いでもお塩による祓い清めが行われます。

また、涙を象徴するとも言われています。涙は塩辛い潮の味がします。

真珠はきれいな海や湖でなければ生育しません。きれいな海や湖をつくるには、山が健やかであることが重要です。

陸と海や湖がつながっていることを、古代より日本人は知っていました。そのため、神社に植林をして、鎮守の杜として大切に守ってきました。植林は生態系の維持や海・川・湖の環境保全に欠かせません。森には先祖の「みたま」が宿るため、木の抜採は慎重に、知恵を寄せ合ってお守りしてきたのです。

真珠といえば、三重県鳥羽のミキモトが有名です。伊勢の国は古くは「太摩岐志売留国《たまきしめるくに》」と称えられました。この名前は、真珠が採取できる国という意味です。ミキモトの創業者であり、養殖真珠発明という大事業を成功させた御木元幸吉《みきもとこうきち》氏は、真珠を守るために環境保全に力を注いだ人生でもありました。伊勢湾志摩国立公園の逢坂《おうさか》山から湧出する「天の岩戸」（恵利原《えりはら》の水穴《みずあな》）は地元の人々よって古来より大切にされてきました。ＧＨＱによる伊勢の神宮の森林伐採計画があったときも、命がけで志摩半島の海や森を守ってきました。その先頭に立ったのが幸吉です。

また、幸吉は深い信仰心を持ち、海に縁のある恵比寿像に深い関心を寄せ、木彫りの恵比寿像122体の他、鋳造・陶造あわせて172体を所蔵しています。成功して後もミキモト真珠島に鎮座される「珠の宮」への日参をかかさず、96歳で天寿を全うし霊界に帰られました。

ちなみに恵比寿様が抱える鯛は、「国体」を象徴しています。御木元幸吉が世界規模の事業スケールで経済を動かすことができたのは、背後に恵比寿様の御守護とお導きがあったからなのです。

あなたにもぜひ、忙しい日常から離れて、「珠《みたま》」と向きあう「鎮魂《みたましずめ》」を行ってみてください。

「鎮魂」とは、仏教の瞑想に似た神道における行法なのです。他人の視線のない静寂な場を選び、自らの心に内在する神様からいただいた「みたま」と向き合ううちに、自ずと心は鎮まるものです。

人の純真無垢な「真珠《みたま》」も、清らかな神界から生まれでて母親の子宮に宿るのです。本来、人の「みたま」は汚れがなく清らかなものです。

神道には、原罪意識や性悪説はありません。人は「神の子、神の宮」です。

真珠に宿る美しさに、我々日本人が特別な思いを持つのには、そんな理由もあるのです。

「幽世《かくりよ》」とは

人には寿命があり、やがて誰しも命の終わりを迎えます。その瞬間を、神道では「死ぬ」という言葉ではなく、「帰幽《きゆう》」「お国帰り」「国替え」「身去る《みまかる》」「出直し」「形を脱ぐ」「お隠れになる」などといいます。

人は帰幽すると、肉体という形を脱ぎ、いよいよ霊魂のふるさとへと帰るお国替りをします。死後の世を「幽世《かくりよ》」といい、霊界のことをさします。他にも古典を紐解きますと「黄泉（よみ）の国」「根の国」「底の国」「常世（とこよ）

郷（ごのくに）」「妣（はは）の国」など、古代日本人が名付けた死者が赴くべき世界の名称がたくさんあります。「黄泉の国」とは、夜見の国、ヨモツ（夜持つ）国ともいい、「黄泉」の語源は「闇」であると考えられ暗黒の世界、見えない世界を言います。

「根の国」「底の国」は地獄界であり、罪の軽重、罪の大小によって区別され「根の国」は虚偽、「底の国」は悪欲に満ちた醜く暗く汚れた地下の国です。

「常世の国」とは、永遠なる寿命の国であり、男女の仲が永遠に美しく続く愛の国で、食すれば永遠の寿命を得るとされる木の実がたわわに実る海の彼方に光輝く理想郷です。この木の実は、「古事記」では「登士玖能迦木実《トキジクノカクノコノミ》」と記載されています。「時を定めずいつも香ぐわしい木の実」という意味で、「橘の実」のことです。

「妣《はは》の国」とは、愛しい者の象徴が「妣《はは》」であり、亡き「妣《はは》」を慕う心が「妣《はは》」の行った世界を光輝く霊界と考え、「妣《はは》」の死を昇華させたのです。

古代の日本人には、死後の霊魂が山に帰るという考え、海に帰るという考え、地下に帰るという考えと様々な考え方がありました。ただ、共通していることは死後の世界が厳然として存在すること、肉体の終わりが全てではなく、霊魂は生き通しであること、これらをきちんと認識していたのです。

死者の霊性を尊重して、残された者たちがその「みたま」を手厚くお祀りし、「みたま」を和ませ、祈りを絶やすことなく続けてきたのが日本人です。

「幽世」とは、「目に見えない世界」です。この霊界を主宰する神様は、出雲大社の御祭神である大国主大神です。因幡の白兎で知られる「だいこくさま」と言うと、多くの方がご存じかと思います。

日本人が亡くなると、必ずその魂は自身の産土神社の御祭神のお導きにより、島根県の出雲大社に赴きます。大国主大神を経由せずして霊界に行くことができないのです。日本列島の根であるので、島根というのでしょう。

縁結びの神様としてあまりにも有名ですが、それは御神徳の一部であり神事《カミゴト》の世界、目に見えないすべての霊的根源世界を統治するのが、他は大国主大神の最も大きな役割です。出雲大社に参拝に行くことをお国帰りといいます。これは、自分の祖神であるご先祖様の元に帰るということと同時に、自身の魂のふるさとに帰るということを意味しているのです。

出雲大社の信仰は「ヨミガエリ」の信仰であるとも言われています。ご先祖様の霊魂の安定と私たち子孫の運命を、ご縁を通じて握っておれるのが大国主大神です。「ご縁結び」とは、決して恋愛だけではなくビジネス上の取引先についての縁結び、新居購入に伴う土地との縁結びなど、私たちの生きている世界はすべてご縁によって成り立っている世界です。

ご縁とは、神様からいただけるご褒美です。天からお金が舞い降りてくることはなく、すべての物事はご縁を通じて動くのです。

人の誕生日や帰幽日の決定、いつごろに誰と誰とのご縁を結ばせるべきかということについては、毎年日本中の八百万神々様が出雲にお集まりになられる神有祭（旧暦十月）で行われる神庭会議でお諮りされるのです。

「縦の命」と「横の命」

お墓は、世界的にみると一人だけの「個人のお墓」がほとんどです。しかし、我が国のお墓は、代々直系の先祖を祀る「家のお墓」です。横を中心とした個人主義ではなく縦の命を中心とした永い年月の生活の営みによる行動様式が「家のお墓」を何よりも大切にしてきたのです。

しかし、戦後ＧＨＱによって、民主化の名のもとに全てのものを強制的に横ならびにする政策が断行されました。これらによって日本の家族制度であった家制度は崩壊し、行き過ぎた個の尊重により個人の権利ばかりが強く主張されることになったのです。

偏った学校教育によって、「命」さえも個人の所有であると安易に考える人たちが激増しました。また、教師と児童・生徒の関係は友達感覚になり、師を敬う「長幼の序」という秩序が乱れてしまいました。

本来、命の祖神である神様からいただいた私たちの命であるにもかかわらず、神様という目に見えない尊いご存在を否定することで、自身に連なる「縦の命」の分断と分離が行われました。さらには、科学万能主義によって目に見えない霊性を信じることが低俗なものとされるようになってしまったのです。

私は、横の世界について決して否定をするつもりはありません。「縦の命」と「横の命」のバランスが整うことが必要なのです。

日本は和を尊ぶ国柄です。バランス感覚や感性が豊かな国民なのです。先行き不透明な時代に際し、今求められるのは縦糸と横糸の紡ぎ直しです。

人間の霊性を祖神さまから引き離し断絶するのは物質主義的価値観による欲です。

命の源流である今は亡きご先祖様に子孫が寄せる想いは、想念の世界である霊界に反映されます。その想いを受け取られるご先祖様は「ああ、いつまでも我が子孫は私の存在を忘れないでいてくれる。ありがたいことだ」とお喜びになります。そして、その喜びの余波は必ず子孫の慶び事として伝わってくるものなのです。

一代前＝父母（お父さん・お母さん）
二代前＝祖父・祖母（おじいちゃん・おばあちゃん）
三代前＝曽祖父・曽祖母（ひいおじいちゃん・ひいおばあちゃん）
四代前＝高祖父・高祖母（ひいひいおじいちゃん・ひいひいおばあちゃん）
代々の祖等（よよのおやたち）

遠津御祖の神霊（とおつみやのおおかみ）
産土大神（うぶすなのおおかみ）
大国主大神（おおくにぬしのおおかみ）

子孫が自身の「縦の命」を見つめることは、ご先祖様の慰霊につながります。子孫の真心込めた慰霊祭は「命の力」を強くします。「縦の命」とは、川の流れのごとく上流から下流へ、いわば先祖から子孫へと「命」＝「血」の継承がなされていくことです。先祖が生前に犯した罪や穢れは「家のめぐり」となり子孫を通じてその精算を求められるのです。

「家のめぐり」には、「悪しきめぐり」と「善きめぐり」があります。ご先祖様の善き行いは「徳」という「善きめぐり」となって子孫に受け継がれます。

「血は水より濃い」といわれる通り、血液とは霊が物質化したものであり、血液にはすべての「家のめぐり」に関する情報が籠っているのです。子孫が真心で行う慰霊祭によってその罪穢れは、必ず清められ、「家のめぐり」が解消されていきます。

また、医術によって血液を浄めることができるのは鍼灸医術であり、これは火と水の御守護による療法です。「汚血を瀉《しゃ》し清血を補して病を治す法」「補瀉迎随《ほしゃげいずい》の法」といわれ、細絡《さいらく》という血流の渋滞している所に刺切を加えて採血する方法です。簡単に言うと「血液」が滞っている部分から汚血を抜いて、血流を活性化させ心身の清浄化を促す医術です。故に万病を治すことができるといわれています。

一代後＝子《こ》
二代後＝孫《まご》
三代後＝曾孫《ひまご》
四代後＝玄孫《やしゃご》
五代後＝来孫《らいそん》

子孫に禍《わざわ》いなく幸福に過ごしてもらうためには、私たちが行う日々の先祖祭祀、慰霊祭が大切です。

人生というものは、善き種か悪しき種かに関わらず、撒いた種は必ず刈り取らなければならないのが法則です。与えられているこの世における有限の時間の中で、人の喜びと幸福につながる「善き種」をできるだけたくさん蒔く努力をしたいと思います。

看取りと日本神話

「古事記」や「日本書記」には、奈良時代以降の仏教渡来以前から我が国固有の葬儀の作法が存在していたことが書かれています。

「古事記」によると、天若日子《アメノワカヒコ》の葬儀の際、父の天津国玉神《アマツクニタマ》が喪屋（ご遺体を安置するための家）をつくり、鳥たちに「もがり（殯）」の準備をさせたそうです。天と地を自在に飛び交う鳥は、古くからあの世とこの世を結ぶ力を持つと考えられています。

花谷幸比古氏は、著書『古神道死者の書』（コスモテンパブリケーション）で、古代出雲人のあいだには、鳥が葬式に奉仕する思想があり、鳥葬の儀式があったのではないだろうかと推測し、死ぬと他界から霊的な海の鳥、河の鳥、野山の鳥がやってきて、魂を迎えに来ると考えていたと述べています。

また、葬式を営なむ鳥たちが葬列の所役をつとめる神話について、戸部民夫氏は、著書『日本神話』（新紀元社）において古代の農耕儀礼を反映したものであると述べています。

天若日子《アメノワカヒコ》という神様の本性は稲の霊（穀霊）であり、穀霊は秋に死んで春に再生することから、農耕儀礼においては、穀霊の死を悲しむとともに新たな復活をうながす呪術が行われ、人々が鳥に仮装して踊ったりする動物舞なども行われたというのです。

川雁《かわかり》を岐佐理持《きさりもち》（葬送のとき、死者の食物を頭にのせて運ぶ役）、鷺《さぎ》を箒持《はきもち》（葬儀の際の穢れを祓い、墓所の掃除のために箒を持つ役）とし、翡翠《かわせみ》を御饌人《みけびと》（死者に供える食事を調理する役）として、雀を碓女《うすめ》（米を搗《つ》く役）、雉《きじ》を哭女《なきめ》（葬儀の時に哀れみを添えるために雇われて泣く役）として、八日八夜《ようかやよ》の間、死者に食物を捧げ、歌舞により、死者を慰めたとされています。

「もがり」は死者が蘇ることを願うとともに、生への思いを断ち切って「あの世」に送る儀礼でもあります。お通夜は、この「もがり」の名残りだといわれています。

家の継承者である嫡男が床を並べて添い寝し、嫡男の肉体に霊魂を引き継ぐ「みたまもらい」という風習が今も島根県出雲地方には残っています。しかし、時代とともにその形は簡略化され、現代は御灯明を絶やさぬよう、遺族が寝ずにご遺体につき添うことが一般的でしょう。

実は、これらの儀礼を含めた全てが看取りであり、古き時代から大切にしてきた我が国の伝統的美風が「看取り文化」なのです。今日この文化が失われようとしています。

葬儀の簡略化は「縦の命」を見つめる場をなくし、神様から近い先祖に連なる悠久の時の流れに想いを馳せ、故人を偲び涙する時間すら奪い取ってしまいます。本書が多くの方の「看取りの文化」を取り戻すきっかけとなることを、強く希望しています。

涙の神

『古事記』における国産み神話のなかで、妻神である伊邪那美《いざなみ》が火の神である加具土命《カグツチノミコト》をお産みになられる際に陰部に火傷をおわれて神避る《かむさか》（神が死んでしまうこと）描写があり、夫神である伊邪那岐《いざなぎ》が泣き叫んだ様子が記されています。

伊邪那岐は「愛しい私の妻を、ただ一人の子に代えようとは思いもしなかった」とお嘆きになって、伊邪那美の枕元に腹這いになって泣き悲しんだ時、その涙から生まれた神様が泣澤女《ナキサワメ》神という女神様です。

泣澤女神というご神名については、「泣くごときに響き渡る澤」であると解釈されています。奈良県橿原市木之本に泣澤女神をご祭神とする畝尾都多本《うねをつたもと》神社があり通称、泣澤神社といわれています。

この神社では井戸をご神体として祀っているのですが、残念ながら現在、この井戸は枯れています。私はこの境内に新たな井戸を掘り起こし、再びこんこんと湧き出る清らかな井戸水（涙）を蘇らせたいと切に願っています。

ご神体である井戸水（涙）が枯れてしまっていっては、泣澤女神様の御神威も弱くなりさぞかしお苦しみなのではないかと拝察するのは私だけでしょうか。そしてこの状況は、大きくは日本という国が涙を流したくても流せない、すなわち浄化の難しい状況にあり、国の生命力が著しく衰弱しているという今の我が国の「霊的な型」をお示しになっておられると思うのです。

泣澤神様について江戸時代後期の国学者である本居宣長《もとおりのりなが》（１７３０〜１８０１）は『古事記伝』にて「水神」「人命を祈る神」であると示しています。また、国学者・平田篤胤《ひらたあつたね》（１７７６〜１８４３）は「命乞いの神」であると示していています。古代より泣澤女神様は、水の神、延命の神として信仰を集めていたのです。

古代日本には、葬儀の際に泣く儀式があったようです。これらの儀式は、朝鮮半島や中国から伝わったものであると言われています。現在でも韓国における儒教の葬儀の「哭礼《こくれい》の儀式」においては「泣き女」を雇う風習が残っています。泣き女は大げさに泣くほど良いとされ、地面に泣き崩れ、激しく声を上げて叫ぶ姿を見せることで悲しみを表現します。

「泣き女」の役割は、死者の霊魂を慰撫することであり、古代には招魂という魂を呼び戻すという呪術でした。一説として葬儀儀礼の際に、沢のように大量の涙を流す女性が神格化されたのが泣澤女神であるとも言われています。

「男は泣いてはいけない」「男は人前で涙を見せてはならない」とよく言われます。泣くという、必要かつ重要な感情放出を抑制されてしまっているのです。スイス人の精神科医であるエリザベス・キューブラー・ロス（1926〜2004）は、「われわれは涙が弱さのしるしであり、石のような無表情の顔が力のしるしだと考えるような社会に住んでいる」といいます。

しかし、神話に登場する男の神様が愛する妻神を想い流し切った涙は「生命力の源」であり「水の象徴」です。沢は「多《さわ》」のことで涙（水）が多く流れることを意味しています。

涙は目から出てくるものです。これを自然界に当てはめれば目に相当するのが泉や井戸という水（涙）が湧き出る場所にあたると考え、泣澤女神が井戸神様として信仰されるようになってきたと考えられます。雨は天地の涙であるという考えもあり、わが国には一口に「涙」といっても奥深い文化が根付いているのです。

エリザベス・キューブラー・ロスは最後の著書である『永遠の別れ』（日本教文社）の中で、涙について次のように記しています。

「流されなかった涙は悲しみの井戸にもどされ、井戸の水かさをふやしていく。三〇分間泣きたいときは、二〇分で泣き止まずに、三〇分間泣けばいい。身も世もなく泣くのがいちばんいいのだ。そうすれば涙は自然に涸れる。涙の最後を流せば、開放感を感じることができる」。

「悲しみが存分に表出されたとき、その悲しみは終わるのだ。流されない涙は消えるわけではない。悲しみはからだとこころのなかに残っている。涙はおおげさなもの、はしたないものであり、弱さのしるしだと考えられがちだ。しかし実際には、涙は内的な苦痛が外にあらわれた、表現のひとつなのだ」。

また、『永遠の別れ』に登場する、ホスピスナースとして20年以上の臨床経験を有するマリオンのエピソードは、実に説得力がある力強いものです。

マリオンが上司のシェリーとともに、6カ月間看護にあたった女性患者の葬儀に出席した時のこと。葬儀場で声をあげて大泣きに泣くマリオンを見て、シェリーは今日の病院での看護業務をしっかり行うことができるか心配になり、「あなた、きょうの仕事、だいじょうぶなの？」と聞くと、マリオンは「もちろん」と笑顔で答えました。

そして、シェリーの手をとって「この仕事を20年以上やってきて、ここで生きていく唯一の道は、自分がケアさせていただいた人のためにそのつど涙を流し切ることだということが分かったんです。葬儀場からの帰途にまで悲しみをひきずることはありません。いい思い出が残っているだけです。看護師や遺族には悲しみをひきずる人がいるけれど、あれは必要なときに泣くだけ泣かないからなんです」と言ったのです。

エリザベス・キューブラー・ロスはいいます。

「あなたに代わってだれかが泣くことはできない。あなた自身が泣き、涙を流さなければならない。だれかが泣いているのをみて自分も泣きだすことはあるが、それは他者の悲しみがひきがねとなって自分自身の内部にあった悲しみが喚起されるからだ。自分自身のためではなく、なんらかの状況を悲しんで泣きたくなることがあるかもしれないが、それでも泣くという行為は自分自身のためになされているのである」。


泣きたい時には思い切り泣けばいいのです。

それこそが、悲しみ苦しみを終わらせ、希望を取り戻し、笑顔で新たな一歩を踏み出すために最も必要なことなのですから。

息と看取りの作法

人間は吸う息と吐く息、ふたつの息で生きています。

呼吸は意識すると深さや回数を自らの意思で自由にコントロールすることが可能です。しかし、日常の仕事や生活において、あえて呼吸を意識することはまずありません。

古代やまと言葉では、「し」は「息」「風」を意味していました。死ぬときは「息を引き取る」「息絶えた」ともいい、生き返ったときには「息を吹き返す」といいます。

バイタルサインという医療用語があります。生命の徴候、すなわち呼吸、脈拍、血圧、体温のことです。

病院に受診した際に看護師によるバイタルサインの確認がありますが、看護師は間違っても「これから呼吸の回数を測定させていただきますね」とは言いません。なぜならば、患者が意識してしまい正確な呼吸の回数を数えられなくなってしまうからです。

意識する息（顕在意識）＝目に見える世界（顕界）、無意識の息（潜在意識）＝目に見えない世界（幽界）であると考えると、人は呼吸を通して常にこの世と霊界につながっていることがわかります。

『日本書紀』に記されている「顕幽分任の神勅」では、伊勢の神宮に祀られている天照皇大御神《アマテラススメオオミカミ》は「見える世界」、出雲大社にお祀りされている大国主大神は「見えない世界」を統御するという役割が定められています。

それが、私たちが住む現実世界の顕世《うつしよ》と、「あの世」と呼ばれる見えない世界、幽世《かくりよ》になります。

私たちが住んでいる見える世界（顕界）と、御霊の世界である見えない世界（幽界・霊界）が一体のものであり、見えない世界こそがこの現実の世界の根源であるという世界観のことを「顕幽一如」といいます。

何事も根拠を求められる今日ですが根拠を示すことができない霊妙不可思議な世界は確実に存在するのです。古代から霊性を重んじる伝統的美風を有する国柄が日本であり、ゆえに「霊《ヒ》之本」と称されるのです。

人間は、霊魂と肉体が結合している状態で生存しています。霊魂が肉体をまもり、肉体は霊魂をまもります。そして、霊魂と肉体はお互いに影響しあいながら密接な関係を保つことを「霊体一到」といいます。

大本の出口王仁三郎（1871～1948）は、「精霊は人の本体で肉体はその精霊のころもなりけり」と示されました。精霊は霊魂のことであり、霊魂が主体で肉体はその容器、衣であると説き、これを「霊主体従」と表現されました。

息には、息と息の間の切れ目が存在します。神道日垣の庭の日垣宮主《ひがきのみやぬし》は、「出雲神界は、此の切れ目に存在する二息むすびの世界である」と述べています。

東に位置する「日出ずる宮」がお伊勢さま、西に位置する「日沈む宮」が出雲大社です。

日蓮宗の宗祖・日蓮大聖人（１２２２〜１２８２）は、房総半島から昇る太平洋の朝日に向かい初めて「南無妙法蓮華経」とお題目を声高らかに唱えました。浄土宗では、西方浄土といい西に沈む夕日に無常観を見出して「南無阿弥陀仏」とお唱えします。

「南無妙法蓮華経」の言霊は気分を高揚させる陽的エネルギーがあります。また、「南無阿弥陀仏」の言霊は気分を沈静させる陰的エネルギーがあります。したがって、西に位置することから出雲大社は、大和民族の死者の霊魂が集まる場所であり神道のなかでも慰霊を重視するという美風があります。また、日蓮宗は、仏教教団のなかでも立教開宗がお日様（太陽）を拝むことから始まったということからも神道的色彩が強い宗派であるといってよいでしょう。

江戸時代後期の国学者である中西直方《なかにしなおたか》（１６３４〜１７０９）は、「息」をキーワードにして、人間の誕生と死について実に奥深いことを述べています。

当ニ知ルベシ　人生ノ之始　父母和合ノ時　口鼻之息　天地之気ニ通ジ　神霊遊魂シテ渾然トシ　父母ノ精神ト妙合シテ　母体ニ宿ル（神明斉元要鑑）

人間の誕生については、夫婦和合の時、口鼻の「息」が天地の気に通じ、神霊と父母の精神が妙合することによって、母体に命が宿るのだといいます。

人間は誕生の際に「息」を吸い込み初めて肺が膨らみます。肺呼吸に変わった驚きによってオギャーと産声をあげるのです。その「息」とは自身に連なるたくさんの先祖たちがこの世で生存していた時に吐いて、吸いこんだ「息」でもあるのです。中西直方は、夫婦が性交によって結ばれ、夫婦の精神と祖霊が性交時の「吐息」によってても結ばれると述べていると考えられます。

看取り士の看取りの作法である最後の旅立ちに向けた「息」あわせは、お迎えによる霊界へのお国帰りがスムーズに行えるように旅立ちの場を整え、その場を荘厳の場として浄め大国主大神様の「慈愛」に満ちた空間にする作法です。

命の尊さを伝えるには、我が国の奥深い「息」の文化を次世代にもきちんと語り伝えていく必要があると思うのです。

第4章

自宅で看取るための丁寧な暮らし

美しく暮らすこと

私は1300年の歴史を持つ出雲大社の氏子として生まれました。

その日はお祭りの当日で、賑わいの中で大國家の末っ子として誕生した私に、父は巫女として育ってほしいとの願いを込めて「来る巫女」、久美子と名付けました。


父は15代続く農家の本家の長男で、果たさなければならない家長としての役割はとても大きなものでした。当時、古い大きな家には10人を越える家族が暮らしていました。

祖父は私にとてもやさしく、いつも「おじいさん子は3割下がる（祖父母に甘やかされて育った子供は普通の子より値打ちが低いという意味）」と近所の大人たちから言われたものです。

私は幼稚園も保育園も行かないままに、自宅で祖父と父の言葉から「美しく暮らすこと」を教えられて育ちました。時に私が「私も〇〇ちゃんのように幼稚園に行きたい」と漏らすと、祖父や父は小さな私の手を握り、瞳を見ながらこんな言葉をかけてくれました。

人と比べることはない。
くんちゃんはくんちゃんの人生を生きていく。
人は皆、神様。
だから、くんちゃんはくんちゃんのままで大丈夫。
人と比べるとくんちゃんはくんちゃんでなくなる。
くんちゃんのままで居れば必ず幸せになれる。

まだ幼い私には、この言葉の中にある深い意味が分かるはずもありません。
でも、父や祖父は私の人生の遠い先を見て私を導いてくれました。

我が家の庭には存在感のある大きな石があった。私が「この石は何？」と聞くと、父は「ひいおじいさんが船で隠岐の島に行った時、その記念に持ってきたものだ」と教えてくれました。

この出来事の30年後に、まさか私自身が隠岐の島に住むとは、当時の私には思いもよらないことでした。もしかすると、曽祖父は私が隠岐に住むことを望んでいたのかもしれません。そして共に隠岐での生活を楽しんでいたのかもしれない……、そう思うとなんとも愉快に感じます。

私たちは祖先の命の上に自分自身の存在があることを決して忘れてはなりません。小さな頃や若い頃にはその時々を生きるのに精一杯で分からなくとも、何十年も経って初めて理解できることがたくさんあるものなのです。

祖父や父は、日々の暮らしの中で「古事記」の中にある神話を教えてくれました。この国の始まりを伝える「古事記」が暮らしの中に生きていたのです。

非暴力を貫いた大国主大神のおかげでこの国は始まった。出雲大社に眠る大国主大神は私たち日本人の父親だと教えられました。「決して怒ることなかれ」という父の口癖は、もしかすると１３００年以上も前の大国主大神の言葉であったのかもしれません。

祖父は小さな船に乗り、神戸川《かんど》に漁に出かけるのが日課でした。取ってきた魚は売るのではなく自宅で食し、余れば近所に配っていました。私は祖父のまるで手品のような包丁捌きを、飽きることなく見ていたものです。

雨や雪が降る日など、漁に出かけられない時には自宅で網を編むのが常でした。ただ、その網は自分が使うためだけのものではなく、欲しいと言われれば惜しげなく誰にでも渡していました。

「くんちゃん、爺さんが渡した網は、違う形でみんなに戻ってくる。何に代わるかなあ。いつになるかわからないけれど、楽しみだね」、そう言いながら微笑む祖父の姿を誇らしく思っていました。

人生の長い歴史の中で差し出した真心は、すぐに結果が出るのではなく、他者からの支えという形をとって戻る事を祖父は教えたかったのでしょう。

祖父を心に浮かべるとき、島暮らしをしていた時に幸齢者様から「年寄りは家の光、今は年寄りを嫌い、年寄りが家にいないから家に光がないのだ」と言われたことが思い出されます。

父との別れ

ゆったりとした大家族との暮らしの中で、私は父との別れを経験します。

この父との別れこそが、私の看取りの原点です。

元気な頃、畑仕事が終わると掃除をするのが父の日課でした。一日お世話になった玄関、部屋、トイレに「ありがとう」と言いながら場を清める姿はとても美しいものでした。疲れているはずの父の姿が輝いて見えました。

いつしか私も真似るようになり、やがて父の掃除の意味を知ることとなります。現在は行っていないのですが、日本看取り士会の看取り士の研修の中に、「暮らしの作法」という研修がありました。実は、小さな頃に父から教わったものであるこの「暮らしの作法」の一部をご紹介したいと思います。

掃除により場を清め環境を整えることとは、旅立つ方々の生命力、自然治癒力を高めることを目的としています。

同時に、掃除は自分を見つめ直す機会ともなります。日々使用している掃除道具や様々なものには各々に適した用途があり、それらを丁寧に扱い用途に合った使い方をして、道具ははじめて生きていくものです。掃除に対する心構えは、心を込めて、丁寧に、納得のいくまで、無心で。

今も日本看取り士会では掃除機を使いません。掃除機の騒音が旅立つ方々の耳に騒々しいだけである事は容易に想像できること。高い所の汚れは、ハタキをそっとかけて取りのぞきます。先日、若いスタッフが「ハタキはないのですか？」と探していました。すでに若い方の暮らしの中からハタキはなくなってしまっていますが、この言葉に何ともホッとする私なのでした。

バケツの水は、雑巾を絞る時に飛び散らないように６分目。お掃除の後は使ったもの、バケツや箒、雑巾などを洗って全て拭き上げます。

また、父は「お正月の１月１日は箒で掃いてはいけないよ」と教えてくれました。元旦は家に福がたくさん入ってきているから、それを掃き出すことがないようにとのこと。こうした美しい暮らしの数々を、父は率先して私たちにやって見せてくれたのです。

父は農業を営んでおり、いつもぶどう畑にいました。

真っ黒に日焼けをし、大声を張り上げること、ましてや怒ることなど一度もありませんでした。私たちが大きい声を出すことも嫌い、言葉には魂があるのだからと、日ごろから美しい言葉を使うように教えられました。

父のこうした育て方ゆえに、小学校に入ると１年生の担任の先生から「久美子さんは声が小さくて、国語の本が読めません」という手紙を持たされました。この手紙を読んだ父は、毎日学校から帰ると大きな畑の隅っこに私を立たせて、遠く離れた場所に自分が立ち、大きな声で音読をさせました。

小学校に入学するまで、大声を出すことも、同じ世代の子どもたちと接する機会もなかった私は、当然のようにイジメの対象となりました。けれど、イジメられて泣きながら帰ると、どんなに忙しい仕事の中であっても、きちんと小さな私に向き合ってくれる父がいてくれました。そんな父の存在から、私は「助けて」と言えることの大切さを学んだのかもしれません。

そんな父が余命３カ月、胃がんの末期との診断を受けたのは私が小学６年生の時でした。

母は父にがんの告知はせず、いつもにこやかな笑顔で父と接していました。母が密かに泣いている姿を何度か目にしましたが、母の悲しみを思いやるほどのやさしさを幼い私はまだ持ちあわせてはいませんでした。

父は最期の日まで病気のことを知らされず、父もまた最期の時まで苦しい、痛いといった言葉を口にすることはありませんでした。毎日モルヒネを打ちに来てくださった看護師さんと、いつもにこやかに語らっていました。

いよいよ臨終の時、父の布団の周りをみんなが囲みます。父はお世話になった医師や看護師にはっきりとした口調で「ありがとうございます。お世話になりました」と感謝を述べました。そして親戚、母、姉、兄にも「ありがとう」と言い、最後に末娘の私の手をやさしく握ってくれました。

「ありがとう、くんちゃん」そう言って静かに閉じられた、二度と開くことのない父の瞳を見つめながら、私は冷たくなっていく父の手を何時間も握り続けました。

この時私は、人間の死とはこうも美しいものなのかと、何とも言えない不思議な感動すら覚えたのでした。と同時に、私は今までに味わったことのない深い悲しみに襲われました。もう涙が一生出なくなるのではないかと思うほど、二昼夜もの間泣き続けたのです。

父の看取りを通して、私は死は苦ではないこと、そして決して忌み嫌うものではないことを学びました。愛を最も表現できるのは、この世の人生が終わる時だと父は身をもって私に教えてくれたのです。

その後、この父の最期に感じた美しい空気感を表現する、瀬戸内寂聴さんの言葉に出会います。

「人は旅立つ時25メートルプール５２９杯分の水を瞬時に沸騰させるほどのエネルギーを放ち、縁ある人に手渡す」というのです。

私はこの魂のエネルギー、「いのち」そのものを手渡せる看取りがしたいと思い、やがて「看取り士」と名乗ることとなったのです。

手を育てることは心を育てること

私はよく母の手を思い出します。

母は父亡き後、未だ50歳の若さで祖父を在宅で看取り、子供たちをその手で育てあげました。祖父は父が他界後間もなく、脳梗塞を患い寝たきりとなりました。当時は紙オムツなどありませんから、浴衣を解いた布おむつを使い、そのおむつを背負って川に洗濯に行く毎日が続きました。

お金に困った時も先祖代々続く農地を売ることを選ばず、お手伝いの方々を使いながら農業を続けました。

まだ幼い私に一度も父の居ない寂しさを感じさせないほどに気丈だった母。

どんなに忙しい日であっても、毎朝欠かすことなく私の長いお下げ髪を結ってくれたものです。その時の母の手は野良仕事で真っ黒に日焼けしていたけれど、私には誰の手よりも美しく見えました。

葡萄農家の合間に、はたを織る母の姿はとても清らかでした。愛するとは、自分の時間を相手のために捧げることなのだと、母はその姿から教えてくれました。後年、離島暮らしの私が「さおり織り」を始めたのも、こうした母の美しい手仕事から学んだことなのでしょう。

自分が大事にしているものにきちんと触れること、それも母から学んだことです。触れることは愛を届けることなのです。

命の瀬戸際にある人々を前にした時、その人のことを手で触れて感じることのできる人間になること。それは看取り士としてとても大切なことです。コロナ禍であり、今は触れることが難しい時代だけれど、家族に触れ、そして毎日ご先祖様のおかげと思って手を合わせ祈ることはどこでもいつでもできるものです。

そうすることで自ずと手は育ち、それによって心も育っていくのです。


姪の弘美も、手の美しい女性でした。

彼女には先天性の心臓病があり、小学校４年生の頃に大手術を受けます。23歳で白血病と診断され、１年11カ月の闘病生活を送った後、「ありがとう」という言葉を残して25歳で昇天しました。


弘美の父は、生きる力を失ってはいけないと、白血病という病名を彼女に聞かせることはしないという決断をしました。

本人に話さないのだから周りの人にも知らせられません。けれど弘美にも、そして私にも、病気のことは分かっていました。私が見舞うと、彼女はよく禅問答のような質問をしてきました。

「病とは？」

「神仏の贈り物」

「死とは？」

「この世の修行の終わり」

「親子とは？」

「共にこの世を歩く人」


弘美の心は最期まで前を向いていました。

私は弘美に、毎日応援の葉書を書きました。彼女もまた、私にたくさんの便りをくれました。封筒はいつも手作り。お見舞いでいただいたきれいな包装紙が、彼女の手にかかると美しい封筒に変身するのです。

そして、闘病生活の間、まるで自らの命を削るようにして作り上げていったのが切り絵でした。誰に習うでもなく、自らの心の内にある美しい心が先生だと話していました。自分で選んで画材を購入することもできない病院の無菌室で、母が選んできた和紙に向き合う弘美の姿はとても印象的でした。

弘美の葬儀の後、帰宅すると我が家のポストには彼女からの手紙が届いていました。

手紙には小さなひまわりの花が飾られていました。小さな花びらが一枚一枚きれいに仕上げられて美しく微笑んでいました。最期まで生きようと命を燃やし続け、作品に自らの命を吹きこんだ彼女の姿が、そこにはたしかにありました。

手を育てることは、心を育てること。

美しい手仕事が、弘美の心を前向きに育ててあげたのでしょう。

読書は心の栄養

弘美の心を前向きに育てたものがもうひとつありました。

それは読書です。

彼女の感想文は大学ノート二冊にわたって記されていました。元気になった時必ず役に立つと話して、１年に１００冊以上を読むと決めていました。

読書は心に栄養を蓄えること。最期まで希望を捨てず、痛みに耐え感謝の心を持って病と戦えたのも読書のおかげでしょう。

１年11カ月の闘病生活の中で、命の限り尽くして書き残した大学ノート二冊は、若い女性の命の声です。彼女が命がけで書き残した感想文を、ほんの数編ですがご紹介したいと思います。

◎H8・3・16

いただきますの気持ち

『二度目の大往生』（永六輔著・岩波新書刊）

この言葉を聞いた時、「いただきます」「ごちそうさまでした」という言葉はなんとすばらしい言葉なのだろうと思いました。

そういえば、一人暮らしをするようになってから、あまりこの言葉を食事の時に使わなくなりました。これは私にとって不幸なことです。自分で料理した食べ物という意識があったためかどうか知りませんが、「いただきます」「ごちそうさまでした」は、その料理を作ってくれた人への感謝の言葉と思っていました。しかし、実際はその食べ物自身の生命とその食べ物へ関わったすべての人（農家の人、輸送の人、売る人、もちろん料理する人も）に感謝する言葉だったのです。

当然のように出てこなければいけない言葉を忘れてしまった私はくやしくて

しょうがありません。ということで、この言葉のすばらしい意味を忘れず、食事の時にはきちんと使っていきたいです。

◎H８・４・20

家族の力

『看護婦だからできること』（宮子あずさ著・リヨン社刊）

現在入院している私は、毎日看護婦さんにお世話になっている。食事の配膳からトイレの始末、ベッドメーキング、病室の掃除、さらには看護婦さんには関係のない食事内容の文句まで聞いていただき、どうでもいいような話に貴重な時間を取っている。だから私の生活は看護婦さんなしでは成り立たない。

私の場合、朝食は好きなトーストがでて、缶づめではあるがフルーツも出るし、コーヒーも飲めるのでどうにか食べている。

夕食は同じように吐き気はあっても母と話しながら食べているとなんとなく

食べれてしまう。母からの差し入れがあったりするのも一つの理由だが、一緒に母と食事をしているわけでもないのだが、夕食に文句をつけながら、なんやかんやと話しているうちにある程度の食事ができてしまう。

実のところこれは後で苦しい思いをすることもあるのだが、家族の力ってすごいと思ってしまう。多少熱があって苦しい時でも、見舞いに来てくれる時間になると起きているのは自分でも時たま感心することがある。

◎H8・5・15
一日一回のよろこび
『生きるヒント』(五木寛之著・角川文庫刊)

人のありのままの姿、それが良い。そんな感じで本を読み進んでいった。

五木氏は更年期にあたる時期に「一日一回、どんなことがあってもよろこぶ。そう決心しました」と書いている。私は、ああ、なるほどと感心しました。私も入院していて体調の悪い日は考え方も悪くなってきます。五木氏の「一日一回、どんなことがあっても」というのは、今の私には大切なことだと思いました。

前向きの思考は今の私にとても大切だと思う。自分は常に前向きだと思っていたのに、知らないうちに知らないうちに悪いほうに考えていたりする時期がある。今思うとどうしてそんなになやむことなのだろうとは思うのだけども「どうにかなるさ」から「どうにもならないのでは」と思ったら、本当、人間、心にも体にも悪いということがわかった。今日から日々よろこびを見つけようと思う。

◎H8・8・17
カラカラ生きていきましょう
『新版　放浪記』（林芙美子著・新潮社刊）

実際私にしてはめずらしく感心して読んでいた。日記じたいがつながってい
るわけではなく飛び飛びなのだが（そのため物語性に欠ける）、彼女の生き方は
充分に伝わってくる。その彼女の生き方に共感できたのかもしれない。彼女の
生き方が深刻的ではなく貧乏に小気味よさがある。きっと彼女は貧しくとも、
心は豊かな人であると思う。
私も入院生活、なるようにしかならないから、カラカラ生きていきましょう。
風も感じない生活だからこそ、風にあたった時の、気持ちの良さは人一倍感じ
られるでしょう。

◎H8・9・24
告知
『弟』（石原慎太郎著・幻冬舎刊）
彼の死の根源となる癌について回りの者は隠そうとしている。しかし裕次郎

自身、そのことを知っていたのだとも思う。彼は家族のためを思い、その核心を聞くことができなかったのだろう。知らないふりをするのも家族のためと思いながら、実際のことを聞きたいが、それができないつらさがあったのだと思う。これを聞いたら妻がかなしむ、そういう思いがあったのだろう。

よく癌の告知のことが問題になるが、それは私も深く考えることがある。私は告知してほしいと思っているが、家族がそうすることで重荷となるんだったらしてくれなくてもいい。でも告知されなくても病人にはなんとなくわかるものだ。

あとは家族に「自分は癌だとは思っていないんだぞ！」と芝居をしなければならない。これは死ぬまで続けなければいけないから、けっこうたいへんなことだが、家族が「癌だと知らずに死んだことが唯一の救いです」と思ってくれたら多少なりとも心情的に救われていいのかもしれない。

でも告知してしまったほうがお互いに楽なのかもしれない。患者も芝居をする必要がないし家族も隠していたいといううしろめたさがないし……。でも、本当のところ私にもよくわからない。どちらにしても、最後はこれで良かったんだと思ってほしい。

◎H9・11・3
私は今幸せです
『生きがいの創造』（飯田史彦著・PHP研究所刊）

私も病気になることを自分から選んで産まれてきたのならば、それなりの大きな目的があったのだと思う。私は今現在人々に大きな愛をあたえてもらっている。両親、家族には本当に大きな愛によってつつまれている。そして友達やまわりの人々に感謝しきれないくらい愛をもらっているのだ。さらには命も……。私は今幸せです。さらに多くの人に感謝しています。

人は自分が愛されていると感じられる時が一番の幸せではないでしょうか。私はこの幸せを返していかねばならないのでは。私もまた大きな愛で人々をつつめるような人間にならないといけないのでは。

人々に感謝することはできても、人々に愛をあたえるということは、本当にむずかしいことだと思う。それができるようになりたいと思う。

弘美は最期まで、「生きているだけで、それだけで充分に幸せなんだ」と語っていました。

生きていることに感謝する心こそが幸せの種。愛とは限りある自分の時間を相手に捧げること。生きていることに感謝し、幸せの種を育て上げ、他の人と愛と幸せを分かち合いたいと強く願った弘美でした。

彼女のことを思う時、彼女の分まで私は愛を伝えていきたいと心の底から願わずにはいられません。

臨終から始まる、家族との別れ

弘美の旅立ちの前日、私はふいに彼女に呼ばれたような気がして、思わず振り向いたのでした。その日は福岡でも風の冷たい、寒い日でした。

「明日、弘美に会いに行こう」、そう決めた私は、すぐに行けるように旅支度をして当時働いていた老人ホームの夜勤に入りました。80人の幸齢者様に対して夜勤者は私一人。他に守衛のおじさんが一人いるだけの有料老人ホームで、夜半過ぎに一本の電話が鳴り響きました。

「久美子、祈ってくれ……」

悲痛な兄の声に「分かった」とだけ答え受話器を置くと、トイレに駆け込んで祈り続けました。

けれど、人の死というものは、時が来ているのだとしたら、どんなに尽くしても尽くしても、避けることはできないものなのです。

しばらくして、静寂をついて電話のベルが再び鳴りました。

「弘美が……」

翌朝、早出のスタッフと交代すると、その足で弘美のもとへと向かいました。出雲に向かう電車が、このときほど遅く感じられたことはありません。

車中、弘美との楽しい時間がよみがえり、走馬灯のように流れていきます。気が付くと「弘美さん、ありがとう」と何度も、何度も、唱えていました。

駅から実家へとタクシーを走らせていると、それまで土砂降りの雨だったのに、家に近づくと実家の周りにだけ明るい光が立ち昇りました。その光景に、私だけではなく、運転手さんもとても驚きました。

そして、「いい娘さんだったんですね。天からお迎えが来ている……」、そう言うと運転手さんはタクシーを道路の脇に止め、静かに合掌してくださいました。私も合わせて「弘美さん、ありがとう」と唱え、手を合わせました。

実家に着くと、すでに弘美は死の床にいました。顔を被う白い布を取ろうとすると、姉が叫びました。

「待って！「弘美さんの顔は薬で傷んでいるから見せたくない」と、恵子さん（弘美の母親）が……」。

「大丈夫、きっときれいよ」と言いながら、私は白い布をそっと取りました。

「弘美さん、偉かったね。ありがとう」、そう言いながら抱きしめると、彼女の顔は見る見る25歳の美しい娘の顔に変わっていきます。

私は「もう一度、きれいにお化粧しようね」と声を掛けて、弘美の化粧道具を探しました。

「きれいだね、弘美さん」
「ありがとう、弘美さん」
「本当に偉かったね、弘美さん」

弘美の大切な人たちが、代わる代わる声をかけます。すると不思議なことに、その度ごとに彼女の顔がどんどん美しくなっていくのです。
私はこのとき、体を手放した弘美の魂を、私の心に誕生させました。

私たちは誕生のとき、抱きしめられて、生まれるという喜びを手にしました。逝くときもまた、抱きしめて送りたい。もう二度とこの腕に抱けないのだから……。

お通夜のとき、私は弘美の枕元で、彼女のために買っていた『Love you forever』（岩崎書店）という絵本を読みました。

――小さなとき、僕はお母さんに抱かれた。たくさんの時間が流れ、僕は大人になり、子供を抱く。そして老いた母をまた、僕のその腕に抱く――というお話に、弘美を囲みながら皆で耳を傾けました。

亡くなる前日に私が弘美に送っていた葉書も、自分で読んで聞かせました。子供のころ、私が死の世界に行きかけたとき、耳だけはなぜかとてもよく聞こえたのです。だからきっと、弘美にも聞こえているだろう。そう思っていました。

葬儀の間中、私にはずっと弘美の声が聞こえていました。

「皆にお礼を言って。感謝していますと……」。

彼女が伝えてくるたびに、私は何度も何度も、彼女に代わって感謝を述べ続けました。

ひとつ、不思議なことがありました。夜になって、兄が風邪ぎみで頭が痛いと言ったとき、私がそっと手をかざすと、嘘のように痛みが消えたのです。それまでそんな体験のなかった私は、とても驚くと同時に、弘美の存在をますます身近に感じるようになりました。自分のなかに弘美が生きている！そして、彼女から力をもらったのだということを、私は強く、たしかに感じたのでした。

臨命終時の意味

この弘美との体験が、看取り士としての臨終後のケアを生み出しました。看取りとは臨終で終わるのではなく、臨終後の身体にしっかりと触れてその「いのち」そのものを受け取ることであるということを、身をもって体験した私は、遅れてきた家族の湧き出てくる深い悲しみが持ち越されることがないように、身体があるうちにしっかり抱きしめてお別れをする作法を創り出したのです。

さらに私は、人は死で終わるのではなく、永遠の命を生き続けるものであることをも教えられました。臨終とは「臨命終時」と言い、臨終から始まる「いのち」の受け渡し。『死別後シンドローム』(時事通信社)を書いた精神科医、清水加奈子先生によると「葬儀の内容を調査した研究の中で、肌に触れてお別れを告げるという形式が最も多く世界中の文化の中に息づき残ってきた。過剰な親密さを示す必要はないが、実際に肌に触れながらお別れすることが、人間が大切な人の死から立ち直るプロセスを進ませる第一歩として理にかなっているかもしれない」といいます。

1998年、私は日本海の離島に移り住みました。人口は600人、信号もコンビニもスーパーもない、そんな島でした。私がこの島を選んだ理由は「病院がないこと」ただその一点だけでした。この島には老人ホームも、葬儀社もありませんでした。

私が移り住んだ当時の在宅死亡率は75％、島民は病院ではなく、住み慣れた我が家で最期を迎えることが当たり前でした。それは無医村だった時代があるからというだけなのでしょうか。

医師は死亡確認する役割があるのみと、はっきりと言い切る幸齢者様がほとんどでした。命の瀬戸際にあっても、決してうろたえることはなく、凛と潔い姿に私は驚き感動しました。

14年間の島暮らしの中で、暮らしを整えることで最期まで幸せに自宅で暮らすことができると教えられました。

どの家庭も、家に鍵をかけることがありませんでした。私の住まいにしても、出かけている間に冷蔵庫にとれたての魚が入っていたこともあります。

どの家もきちんと整理され、いつ誰が入ってきても良いように美しく整っています。流し台は出かける前に必ず拭き上げてから出て行きます。こんなことは島民にとっては当たり前のことでした。

いま思えば、終末期を自宅でと望む時、自宅に他人が出入りする光景はごく自然のことだったのです。

神様に近づく祈り

私はこの30年、毎朝一時間祈りの時間を持っています。

それは１９９２年、私が未だ福岡でスパゲッティーレストランを経営していた時のことでした。

どうしようもない崖っぷちに立たされていた私は、その日誰もいない自室のベッドで眠れない夜を過ごしていました。ところがある瞬間、力強い声がはっきりと聞こえたのです。私は驚いて、ベッドから飛び起きました。

「愛という二文字が生きる意味だ」

この時私には、声をかけてくださった存在が、大宇宙のご意志、神仏と呼ばれるものであることが直感的に分かりました。

そしてその日を境に、私は毎朝、祈りの時間を持つようになったのです。

祈りという字は「神様に近づく」と書くことからも、祈ることは神様のおそばに行ける一番の近道なのだと思っています。心静かに祈る時、神様の御心の中に、この肉体を持ちながら入らせていただけると信じているのです。

３６５日、変わらずに空から愛の光を注ぐ太陽。美しい空気は一時も離れることなく私たちの周りにいてくれます。大いなる自然こそが私たちを支え、「生」を与えてくださっていることに心の底から気づいたとき、私は自ずと手を合わせ、祈り、そして生きていくことが楽になりました。

手を合わせ連綿と続く祖先への想いを感じるとき、人は自ずと素直になれるのでしょう。ごく当たり前のようなこの大きな真実に気づいた時、そのことを日々忘れずに感謝することこそが、まず最初に私たち人間に与えられた使命なのです。

今この時にも、大いなる自然はあなたを包み、神様から、先人たちからの愛はあなたに降り注ぎ続けています。

それは、生きているあなたの中にも、同じものがあるから。

ひとつひとつの行いを美しくし、丁寧に暮らしていくことは、感謝そのもの、祈りそのもの、そして愛そのものです。

私もまだまだ未熟なのです。ご一緒に今できることから少しずつ行動に変えて、ともに笑い合いながら、愛の光の中を生きてまいりましょう。

看取り士という仕事

２０１０年、離島から本土に戻った私は、看取り士と名乗るようになりました。看取り士と名乗ることによって、死が忌むべきものと思われてきた長い歴史を変えたいと思ったのです。

当時は名刺を渡しても、縁起でもないと受け取ってもらえないことが度々ありました。「名前を変えないと誰も受け取ってくれないよ」と何度も忠告されました。でも、だからこそ私は看取りという言葉にこだわり続けました。

死は誰もがたどり着く人生の終着駅です。そこが暗い駅なのだとしたら、私たちは何のために生きるのでしょう。私たちの終着駅は誕生のその時と同じように愛と感動に溢れている、体験の中から私はそう確信しているのです。

あれから10年、全国に１４００人を越える看取り士が誕生しました。また、その活動を支える無償ボランティアエンゼルチームは全国1400支部を超えるほどにもなっています。

コロナ禍における病院の厳しい面会制限の中で「最期だけでも自宅で過ごしたい」と願うご家族が増えています。

病院での面会がスマートフォンで行われるということが多くなっています。小さな画面から呼びかけても、視野も狭く視力も衰え聴力も落ちている終末期の方々に思いを伝えることは難しいでしょう。「呼びかけても返事がないのです」と、辛い胸の内を打ち明ける相談内容も増えました。

見ることも、聞くこともできなくとも触れることで愛が伝わる。触れることは愛すること。今、多くの病院では、その最も大切な最期の触れ合いができないままに旅立ちが訪れてしまっているのです。

今こそ自宅での最期が実現することで、どれほど多くの皆様が愛に包まれることでしょう。

看取り士は先ずはご相談対応の後、「せめて最期だけでも自宅に帰りたい」というご意向をお聞きした時には、訪問医、ケアマネージャーを探します。そして、ケアマネージャーさん、訪問看護、訪問介護の皆様と連携し、無償ボランティアエンゼルチームを組織してケアマネージャーさんのプランに入れてもらいます。

こういった取り組みは、ご家族の負担を限りなく少なくすることを目的としています。もちろん「おひとりさま」の場合にも制度を限界まで使い、看取り士と無償ボランティアエンゼルチームの仕組みで最期まで自宅での依頼に答えていきます。

臨終時の呼吸合わせ、そして臨終の立ち会い、「看取りの作法」の伝授が看取り士の仕事です。葬儀社様との打ち合わせや、コロナ禍の今はありませんが、霊安室の立ち会いも行います。必要に応じて初七日訪問を行い、ご家族の悲嘆に寄り添います。もう一人の家族として、ご本人を、そしてご家族を支えていくのが看取り士なのです。
臨終からの時間が慌ただしすぎて、気がつくと心にぽっかり穴が開いている……、そんなご家族がとても多くいらっしゃいます。もう何も急ぐ必要はないのにドライアイスを30分で入れようとする習慣がありますが、看取り士の立ち会う旅立ちにおいては、24時間ドライアイスは入れません。ゆっくりと触れながらお別れをしていただくためです。

戦後の日本では、スピードと効率という名の元に、「死」の別れすらゆっくりとできなくなってしまいました。日本に古くからあった「喪」という期間は、死に別れることでかけがえのない人とのつながりを失い、自分の前に現れた空白の世界に故人との新たなつながりを再生する、必要で大切な時間だったのです。

新たなつながりを再生するために最も必要なこと、そして心を癒すための一番の薬は、悲しみや寂しさに身を任せて涙を流すことです。

その温かい体に触れて愛を届ける、そして愛を受け取る。そんな「いのち」を受け取る時間が必要なのです。触れながら涙を流すことによって体の興奮は鎮まり、やがて不思議なほど気分が落ちついてきます。涙を流しきった人は、その後すっきりとした表情で「幸せだった」と話してくれるのです。

一通の手紙

ここに一通の手紙があります。

白血病を患って病院で亡くなった13歳の少年が、看護師の皆様にあてた手紙です。

「僕にはあなたたちが、僕のそばにくるのを恐れているのがよく感じられます。なぜそんなに怖がっているのですか。死に直面しているのはあなたたちではなく僕なのですよ。

あなたたちが僕に何を言ったらいいのか、何をしてあげたらいいのかわからない、自信のない気持ちはよくわかります。

でも僕の言うことをどうか信じてください。もしもあなたたちが本当に僕のことを思いやってくださっているのでしたら、どんなことをしても、言っても間違いではありません。僕は、どうして死ぬのとかどこへ行くのとか、山ほどの質問をするかもしれないけど、本当の答えなんかいらないんです。

どうぞ僕から逃げないでください。ちょっと立ち止まってその温かい手を差し出してほしいんです。僕が心から望み、願っているのは、誰かそばにいて、僕の手を握ってくれる人が欲しいのです。

僕は一人で恐ろしいのです。死なんて看護師の皆さんにとっては日常見慣れていることかもしれません。でも僕には初めてのことです。まったく新しいことなのです。あなたたちにとって死なんて別段珍しいことではないかもしれません。でも僕はまだ死んだ経験がないのです。

僕はもっとあなたたちと話したいと思います。

僕はあなたたちともっと正直に、素直な気持ちでお互いの恐れを話せ、心からかかわれることができたらと思います。もし仮にあなたたちが僕の手を握ってくれてともに涙を流してくれたら、友人や家族に囲まれて病院で死ぬこともそれほど辛いことではないでしょう」

私たち看取り士は、逝く人の寂しい心にそっと寄り添い、常に微笑みを携えて優しくそばにいることを心がけています。

看取り士はもう一人の家族

ここで、実際に看取り士にご依頼をくださったご家族のご感想を、いくつかご紹介させていただきます。

卵巣がんのため37歳で旅立たれた加藤美咲さん（仮名）の夫である加藤修造さん（仮名・43歳）は「妻の臨終に立ち会い、一番近くで体感した今、死はもう怖くないです。妻がずっとそばにいるような気がします」「手脚は冷たくなっても、背中は3時間半ほどは温かった。最期はとても穏やかで、看取り士さんたちのおかげで、満点の看取りができました」と静かにおっしゃってくださいました。

生前から交流のあった東京新聞編集委員の吉岡逸夫さんは、66歳の誕生日にがんの転移が見つかり、看取り士にご相談をくださいました。

吉岡さんは凛とした生き方を貫かれました。

「たくさんの方が集まってきてくれて、世話を焼いてくれるなんて、僕はなんて幸せ者だろう。全部すべきことはした。今は死ぬのにちょうどいい。柴田さん、看取り士はもう一人の家族だね」。

「柴田さんが26年かけてやりたかったこと。人生の最期を自分の意思でちゃんと決めて、幸せに旅立っていくべきだということだね。僕は自分がやりたいことを妻に全部受け入れてもらえて、とても幸せに締めくくれるよ」。

私の願いにまで心を寄せてくださり、ご家族だけではなく私たち看取り士にも感謝を届けてくださいました。

看取り士の中屋敷妙子さんは、88歳で天寿を全うされた父親の稔さんのご遺体を、棺には入れずに母親のベッドに寝かせ、弔問に来る人にじかに触れてもらいました。

仲が良かった孫の阿南さん（15歳）は「祖父は多くの人に触れてもらい、笑顔で声もかけてもらえて幸せだったと思う。『死は悲しくて怖いもの』というイメージがあったけど、悲しいだけじゃない。人生をまっとうしたという点では『お疲れ様』だし、人生の卒業式なら『おめでとう』だと思う」と話してくれました。

山岸玲子さん（仮名・78歳）は、悪性の脳腫瘍という病気の告知を受けた後、親友へ交際終了を知らせる手紙を書くなど、旅立ちに向けて周到に準備をされていました。

訪問看護師であり看取り士でもある今井厚子さんは、玲子さんの夫の康弘さん（仮名・80歳）に、玲子さんとのスキンシップを促しました。マッサージ、手をつないでの散歩など、お二人は残された短い時間の中で、愛に満ちたやさしい時を過ごされました。

玲子さんを見送られた後、夫の康弘さんは「今井さんが『手をつないであげてください』と教えてくれたことから、（看取りの時も）自然に玲子に触れることができました。今振り返ると、もっとできることがあったかなという想いもありますが、みんなに囲まれて、妻の希望通りの見事な最期でした」とお伝えくださいました。

杉田香織さん（仮名・47歳）は、94歳の彼女のおばあちゃんと親子同然の仲でした。そんなおばあちゃんが危篤になり、香織さんは彼女の父親、つまりおばあちゃんの息子に連絡を取ります。しかし、父親が見舞いに来ることはありませんでした。

一人でおばあちゃんを見送る覚悟を決めた香織さんは、大好きなおばあちゃんを失うことになる自分自身のメンタルケアもあわせて、看取り士の清水直美さんにケアを依頼しました。

ところが、おばあちゃんの死のわずか7時間前に、初めて父親が見舞いに訪れたのです。おばあちゃんは、まるでそれを待っていたかのように穏やかに旅立っていかれたのでした。

香織さんは清水さんの献身についてこのように話してくださいました。

「私がトイレから戻った時、清水さんが黙って祖母の手にゆっくりと触れてくださっていたんですね。その光景は、私が通っていた中学校の礼拝堂で祈りを捧げているような、そんな厳粛な空気感でした」。

「看取り士さんに少しでも恐れやためらいがあれば、家族や本人も瞬時に見抜くはずです。でも、清水さんからはそんな自我はまったく感じられませんでした。祖母の傍らで『ただただ、そこにいる』寄り添い方に、究極のホスピタリティを見て感動しました」。

誰にも必ず訪れる旅立ちの時。

あなたは大切な人をどのように見送りたいでしょうか?

そして、あなたはどのようにその時を迎えたいでしょうか?

辛いとき、苦しいときには、我慢しなくてもいい。

たくさん泣いていいのです。

誰かに頼ってもいいのです。

全ての人が最期、愛されていると感じて旅立てることを夢見て、私たち看取り士は大切な方の最期の時に、もう一人の家族としてそっと寄り添い続けていきます。

どうぞ看取り士という存在を、あなたのお心の中に留めておいていただけましたら幸いです。

第5章

死とまっすぐに向き合う

宗教の垣根を超えた深い意義

柴田：先日の鼎談を受けて、すばらしい原稿をお寄せくださって、お二人には感謝の言葉もありません。本当にありがとうございました。

鈴木：拙い文章ですが、読んでくださる方のお役に立つことができれば嬉しく思います。

新田さんの優しく分かりやすい語り口は、僧侶として多くの方の日常に真摯に寄り添っておられることを感じることができました。

柴田さんの看取りの原点にあらためて触れさせていただけたことも、自分にとって大きな恵みであったと思います。

新田：そうですね。私も祖父とのつながりがあって今があるわけですが、柴田さんも祖父君やご両親、それから姪御さんとの深いつながりがあって今のご活動があるのだなあと感じ入りました。

それから、前回の鼎談の時にも思ったのですが、鈴木さんが様々な分野に精通されていることに驚嘆しました。あの時は救急救命士になられるきっかけをお話しくださいましたが、神職になられたのはどういった経緯からだったのでしょうか？

鈴木‥いや、まだまだ未熟者です。

新田さんは由緒ある佛心寺にお生まれになったとのことなのですが、私は越後の旧家の地主の末裔である家に育ちました。そんな私が神職となった一番のきっかけは、祖父が亡くなった時の体験でした。

祖父が亡くなったのは高校二年生の時で、それが初めての「大切な人が亡くなる」という体験でした。我が家は浄土宗だったのですが、その時葬儀に来てくださった新潟の菩提寺のお坊様が御詠歌を詠唱してくださったのです。

初めて聴く御詠歌は本当にすばらしく、まさに魂に響いてくるという感覚でした。人間の肉体的な生命が終わったあとに「魂を救い、魂を導く」という、こんなにもすばらしい仕事があるのだと感動し、お坊様の後ろ姿、ひいては宗教者というものに強い憧れを持ったのです。

新田：それはすばらしい。鈴木さんはお若い頃からすでに宗教というものの垣根を超えて、「魂を救い、魂を導く」というその深い意義を理解しておられたのですね。しかも、僧侶になられる可能性もあったわけですね。

鈴木：ありましたね。キリスト教に進む可能性もありました。

高校三年生になって進路を考えた時に、「神主さんになる」か「お坊さんになる」か、「牧師さん、もしくはカトリックの神父になる」か、とにかく宗教者になるということだけを希望していました。

そこで、大学受験では僧侶を養成する佛教系の大学や牧師・神父を養成するミッション系の大学なども受けたのですが、最初に合格通知が届いたのが、國學院大学だったのです。これは神様が道を付けてくださったに違いないと思い、神職になったという経緯（いきさつ）です。

柴田：キリスト教とのご縁というのもなにかあったのですか？

鈴木：キリスト教主義の高校に通学していましたので、授業で「聖書」の時間がありキリストの御教えに触れる機会がありました。特に大きな影響を受けたのはやはりマザー・テレサですね。

「聖書」の授業で人工妊娠中絶の問題が取り上げられたことがあって、「日本はとても豊かな国です。でもおなかの赤ちゃんを中絶する心貧しい国です」というマザー・テレサの言葉に衝撃を受けました。日々犠牲になっている赤ちゃんの命を守るというような活動を生涯かけてやっていきたいということも、私が宗教者を目指した大きな理由のひとつです。

柴田：鈴木さんもマザー・テレサに導かれるお一人なのですね。
そんな鈴木さんが神職をされながら看取り士を志すことになったのには、どのようなきっかけがあったのでしょう？

鈴木：２０１９年に『命が消えたらどこへゆくのか』（二見書房）という本を出版したのですが、その本を書くために、臨死体験やあらゆる宗教の死生観といったテーマの書籍をかなりの時間をかけて数多く読み込みました。その中の一冊として柴田さんと船井勝仁さんが書かれた『いのちの革命』（きれい・ねっと）を読ませていただいたのです。
そして、「これは実際に看取り士について学んでみる必要があるな」と思い、東京の町田にいらっしゃる清水直美さんという看取り士さんのもとで勉強を始めたわけです。学べば学ぶほど、私が伝えていきたいことと一致するところが多く、先の鼎談の際にもお話ししましたが柴田さんの出雲との深い関わりというところにも神職として非常にご神縁を感じました。

もうひとつ、実は私は胎内記憶を持っているのですが、看取り士の学びの中に「胎内体感」という講座がありますよね。これはまさに母親の子宮の中にいる時の再体験ですから、自分の中にある胎内記憶というものが認められると同時に、「生まれること」と「死ぬこと」が非常に隣接していることを体感できて、スムーズに学びを深めることができました。

柴田：そうでしたか。「胎内」というと、看取りとは離れたところにあるように感じられるかもしれませんが、胎内体感研修は愛のある看取りのためにはとても大切な体験となります。

誰もが皆、あの世から母親の胎内へとやってきて、十月十日の間、慈愛を受けてこの世に生まれます。でも、多くの人がそのことを忘れてしまっているのですね。胎内体感では、胎内に戻るという体験をしていただくことによってその時の安心感を再体験し、自らの内にある愛に気付いていただきます。そして、それによって全てのことを肯定的にとらえ、旅立たれる方の愛や想いを自然に受け入れることができるようになるのです。

それからもうひとつ、胎内体感では胎内というものを、「死を迎えたその後に、戻って行く場所」というふうに位置づけています。その胎内で安心感を持てるようになることで、「死に対する恐怖が解消される」ということもお伝えしています。

鈴木さんはすでに胎内記憶をお持ちとのことですから、きっとスムーズにご自身の内なる愛にお気づきになられたことでしょうね。

鈴木：そうですね。あの世からこの世へと生まれてくることは、喜びごとですから光が当たりやすいですよね。しかし、同じ見えない世界の話にもかかわらず、その逆をたどる死というものは悲しく辛いものというイメージが強すぎて、多くの人が見ないように触れないようにしていて、本来非常に大切な部分であるにも関わらず、きちんと表現されていないという現状があります。
それを宗教者という立場、さらに看取り士という立場を通じて伝えていくというのが、これからの自分が果たすべき役割なのではないかと思っています。それから、前回もすこしお話ししたとおり、私は昨年から三重県の鈴鹿医療科学大学で救急救命士の養成する学科設立の準備をしています。「看取り学」を授業に取り入れて、柴田先生にも講演にお越しいただければと思っています。教育研究者という立場での「看取り学」の学問化へのサポートも私にできるひとつの役割ではないかと思います。

柴田：本当に心強く思っています。ありがとうございます。

鈴木：令和3年4月に鈴鹿医療科学大学の付属「桜の森病院」として全国初完全独立型緩和ケア病院がオープンしました。緩和ケアの最前線にいる看護師さんたちとも深くつながっていって、「看取り学」というものの理解を深めていただき、日本を良い国にしていきたいと願っています。

新田：医療の現場にいらっしゃる皆さんが、看取りに対する認識を深めてくださることは、本当に尊くありがたいことだと感じます。

私たち宗教者の立場からも、「命のバトンタッチ」にかかわる方すべてをサポートできるよう、努めていきたいと思っています。

呼吸を整える

新田：ところで、鈴木さんが「息」のことを書かれていたところで、「看取りの作法」の中の「息合わせ」をご紹介してくださっていましたね。

細かいところは看取り士の講座を受けなければならないと思いますが、非常に大切なところでもあり、すこし柴田さんからお話しいただければと思ったのですが、いかがでしょうか？

柴田：そうですね。私も鈴木さんの原稿を読ませていただいた時に、このことをとても大切に書いてくださっていることをとてもうれしく感じました。

「看取りの作法」というのは、具体的には「膝枕をして旅立たれていく人と呼吸合わせをしながら、旅立っていただく」というものです。この「呼吸を合わせる」ということは、看取り学の初級から中級、上級のすべてでお伝えしている非常に大切な看取り士のお仕事のひとつです。

ただ、これは講座で勉強をするだけでできるようになるということは有り得ないものですから、「まずは普段から呼吸をきちんと整えて、物事に対応できるような自分になっておきましょう」ということを申し上げています。

新田：普段の生活の中で、呼吸を整えることを意識するということですね。

柴田：そうです。ただし、これは「看取りの作法」ではなく、「看取り士の作法」なのですね。私たちは看取り士として、常日頃から毎日の暮らしの中で呼吸を整えるということ、トレーニングをしているということです。
普段からトレーニングをしていないと、いざ看取りの現場に行って、いよいよ患者様の呼吸が下顎呼吸《がかくこきゅう》（死期が近づいている兆候の一つとされる呼吸）に変わった状態のときに、「看取りの作法」である「呼吸合わせ」をすることができません。

新田：学んでみて思うのですが、この「呼吸合わせ」というのは非常に奥が深く難しいですね。

柴田：「呼吸合わせ」というのは、「旅立たれる方の呼吸を自分の呼吸に引き寄せながら、穏やかな呼吸にしていく」というものです。私がこのことの大切さに気付いたのは20年ほど前で、その時には40分くらいかかりました。なぜそんなに長くかかったのかというと、自分の呼吸が長くなかったからです。
呼吸を引き寄せて合わせていくには、「どこまで自分が長く吐き続けることができるか」というのがポイントで、長い呼吸ができていなければ引き寄せることが難しいのです。私は20年かけて毎日トレーニングをして、今はそこまでの時間をかけなくても、呼吸を引き寄せられるようになりました。

新田：引き寄せられている、呼吸合わせができているというのは、感覚で分かるものなのですか？

柴田：分かります。でもこれはやはりなんといっても、経験が必要になります。
　このような看取り士になるためのプロセスは、日常を整えること、生き方を整えることからはじまります。最初は大切な方の幸せな旅立ちを願う気持ちや、看護や介護のお仕事に活かしていくことを考えて看取りを学ぼうと思われる方が多いのですが、学びを進めていくうちにご自身が愛されている存在であることに気づき、ご自身のいのちをも輝くものになっていく、それが看取りの学びのすばらしさだと日々実感しています。

生き方を認め合える社会の創出

柴田：ここでお二人にご紹介したい方がいます。おそらくよくご存じだと思うのですが、東京大学名誉教授の上野千鶴子先生です。

鈴木：もちろん存じ上げています。大いに注目された2019年の東京大学入学式での祝辞が記憶に新しいところです。

柴田：おっしゃるとおりです。彼女と私は10年以上前に出会って、それ以来ずっと仲良くお付き合いをさせていただいています。その彼女が最近『在宅ひとり死のススメ』（文春新書）という本を上梓されて、その本がシリーズ累計で125万部の大ベストセラーとなっています。

彼女が提案されている、慣れ親しんだ自宅で幸せな最期を迎える「在宅ひとり死」というのは、実は私たち看取り士が目指すところでもあります。おりしも先日、日本看取り士会では初めて、「認知症」「独居」という方の看取りをさせていただくことができました。「一人でも、認知症があっても、自宅で死ねる」ということをきちんと実現すること、その旅立ちを最後までお世話させていただくという事例ができたのです。これはもう、私たちにすれば大きな快挙です。

新田：いやあ、それは本当にすごいことです。どなたから見ても快挙ですよ。

柴田：ありがとうございます。それが私は非常にうれしくて、「あなたまだそんなことを言っているの？」なんてお叱りを受けるだろうなと思いながらも、上野先生にメールでご報告させていただいたのです。そうすると、やっぱり案の定笑われましたが、「進化したね」「あなたの活動がますます楽しみだわ」とお返事をいただきました。

鈴木：本の中に柴田さんが登場されていますよね。

柴田：はい、そうなのです。「看取りに立ち会うのは、看取る側のこだわりだとも思える」と喝破してくださっています（笑）。そこだけ読むと、私とはまるで対立しているように思われるかもしれないのですが、その後にきちんと大切なことが書かれています。すこし読ませていただきますね。

「最近わたしは、別れと感謝は、相手の耳に聞こえるところで、相手に伝わるあいだに、何度でも言っておけばよい、と考えるようになりました。死の床にとりすがって、「お母さん、あなたの息子で、ボクはうれしいよ」と泣くくらいなら、もっと早くに口にしておけばよいのに」というように、とても大切なメッセージが詰まっているのです。

新田：その境地というのは、看取り学をやっていくと達するところと共通しているように思えますね。

柴田：そのとおりですね。

上野先生は「在宅ひとり死」という言葉を広めてほしいとおっしゃっているのですが、私たち看取り士なりに、それから上野先生の本の中には登場しない宗教者という立場からも、このフレーズの真意をうまくお伝えできれば良いのではないかなと思っています。

新田：何度かお話してきたとおり、これまでの仏教は「家」という単位の宗教、つまり「家の先祖を供養するための宗教」というふうなかたちで機能してきました。今はその単位が「家」から「家族」になり「夫婦」「親子」になり、さらには「個人」、すなわち「おひとりさま」というふうにどんどん人数が減っていて、「家」という単位の宗教の進め方ではなかなか対応していけなくなってきています。

「おひとりさま」という言葉は上野さんが提唱されていっきに広がった言葉だったと思うのですが、これから２０２５年に単身者の世帯が１９９６万世帯に加速するという状況ですから、まだまだ広がっていくと言えるでしょう。
加えて、今はまだ単身者世帯というと若者が多いイメージかもしれませんが、2025年になると80歳以上の女性の単身者の割合が一番多いということにもなります。

ただ、最近どうも気になるのが、「おひとりさま」という言葉が一人歩きしているような印象を受けるのです。これはきっと婚姻関係も含めた血縁によるつながりから離れていくということを前提にしたお話なのだと思うのですが、それは本当に「おひとりさま」と言って良いものなのかということを思うのですね。

柴田：上野先生のおっしゃる「おひとりさま」というのは、家族に依存することなく堂々と楽しく自由に「個」で生きていくことを謳歌するというものだと思います。実際「女友達がいれば大丈夫」ということも書かれていて、決して孤独に一人ぼっちで生きていくということではないのですが、それとは違った認識がされてしまう可能性があるということですね。

新田：それであれば、私の思いと同じですね。これまでの「家」という単位を「血縁」とするならば、今後は血のつながりというところにこだわらずに、ゆるやかな共同性をもってつながる、縁を結ぶ「結縁」の時代になるというふうなお話を耳にしたことがあり、私はこれに非常に共感しています。

個人的にはやはり、血縁というのは深いご縁ですから、それを大切にするのは自然なことであり、すばらしいことだという思いもあります。でもそれは、血縁は絶対に大切にしなければならないと強制するようなものではなくて、それぞれの状況や判断、生き方をお互いに尊重して歩んでいける、そういう「認め合える社会」を創っていくことが大切なのではないかと考えています。

宗教を超えたところにある「拠り所」

柴田：上野先生は本の中で死に際しては「現場の専門職の支え」さえあれば、

在宅ひとり死は可能であるとおっしゃっています。その専門職の中でも非常に大切なのが看取り士だと私は思っているんですね。

鈴木：おっしゃるとおりだと思います。加えて、前回の鼎談でも大きなテーマとなりましたが、死を正しく認識するにあたってはやはり、目に見えない世界、宗教、信仰、霊性文化に価値観を重く置く生き方が重要であり、そのあたりをお伝えしていくことも死に際しての不安を解消していく非常に大きな支えとなると考えます。

柴田：そうですね。この本では、お二人が看取り士であると同時に宗教者でもあるというところから、看取りに際して、あるいは生き方全体に対しても「信仰」というところが大切な主題のひとつになると思います。そして、これは特定の宗教ということではなく、ある意味宗教を超えたところにある「拠り所」ともいえるものなのかもしれません。

　これまでのお話の中で様々なかたちで示されてきた、しっかりとした「信仰」さえがあれば、誰もが一人で立派に生きて一人で立派に死ねるのだということ、このこともまた、この本を通してできればお伝えできればよいなと思います。

新田：ご縁というもの、つながりというのも目に見えないものであり、これらを感じ取り感謝して大切にしていくことも、実は「信仰」というふうに言えるのではないでしょうか。

　単身世帯で一人で生きている、死んでいくと言っても決して一人ではないということ、それをお伝えし、本当の意味でのご縁を結んでいくのが、宗教者、また看取り士のお役目なのではないかと思います。

柴田：はい。先ほどお話しした、私たち看取り士が看取りに立ち会わせていただいた「認知症」「独居」という方は、上野先生の言われる「おひとりさま」のように腹をくくっているということはまったくない、ごくごく一般的な認知症の女性でした。それこそ物盗られ妄想もあって、看取り士さんが行くと

「財布がないのよ」とおっしゃるのだけれど、実はお決まりの場所にあるというようなこともしょっちゅうでした。

旅立たれた当日は、看取り士さんが午前中に訪問して、そのあとは介護士さんにバトンタッチしているのですね。そして、介護士さんの立ち会いのもとに最期を迎えられて、すぐに看取り士が駆けつけるという流れとなりました。

看取り士さんに後で伺うと、彼女は亡くなられる当日に初めて、すでに亡くなられているお父さんを呼ばれたそうです。それまで一度もそんなことはなかったのに、にっこり笑って「お父さん」と何回もおっしゃる。しかも、看取り士が帰る時には決まって「寂しい、寂しい」とおっしゃっていたのが、その日は一切おっしゃらなかったのです。

新田：きっと、お父さんがお迎えに来られたのでしょうね。

柴田：そうとしか思えないと看取り士さんも言っていました。新田さんと鈴木さんがお書きくださっている「縦のつながり」というものを、看取り士としてかかわらせていただくことで感動のうちに見せていただいたのだと、私は思っています。

私は看取り学の中でいつも、「亡くなった人がお迎えに来ます」ということをお伝えしています。もしも周りに血縁者がいらっしゃらなくても、ちゃんとあちらの世界から縦のつながりでお迎えの方がいらしてくださるのですね。

そこに、横のつながり、先ほど新田さんがおっしゃってくださった「結縁」があって、非常に穏やかに旅立っていくことができる、この旅立ちは本当に幸せなものだったのではないかなと感じています。そして、こういった旅立ちとなったことは、もちろん日本の介護制度の恩恵もあるのですけれど、私たち看取り士の力でもあったのではないかなと思うのです。

新田：まさに幸せな旅立ちのサポートだと思います。

つい先日、うちのお寺にもいわゆる「おひとりさま」が「終活」をされているということで相談にいらしたのですね。亡くなったあとの準備、たとえば「今あるお墓をどうしよう」「自分が亡くなったらこうしたい」というようなことですね。

ただ、その方は介護職に就かれていて、そういったご自身の今後のご相談をされながらも、「介護をする方もされる方もあまり負担なく、それでいてお互いにあたたかい関係をつくっていけるような介護のあり方になっていってほしい。そのために自分もできることをしていきたい」ということを話してくださいました。すると、一緒に聞いていた中の一人が「その思いを必ず次の世代につなげて、そういった社会を実現していきたいと思います」と言ってくれたんですね。

その言葉を聞かれた時に、その方の表情がはっきりと変わったのです。それまで「お墓を決めないといけない」というようなことでどこか暗い、焦りも感じられるような表情だったのがすうっと穏やかになられて、本当に驚きました。「ああ、自分の思いが次の時代にも生きるのだ」という希望を持たれたのだと思います。看取り学の初級講座では旅立つ方に「夢」を持っていただくことの大切さを学ぶのですが、この「希望」というのがその「夢」なんだと私自身も振り返り、確認することができました。

命を終えていく時の締めくくり方というものを考えた時に、決して大げさなものである必要はないのですが、やはり「自分の思いが次世代に受け継がれていく」、つまり「託せる」ということがとても大切なのだなあということを実感しました。

柴田：そうですね。あなたの優しさを感謝して受け取りますよ、命そのものを受容しますよ、といったことでいいのだと思います。「命のバトンタッチ」そのものですね。

新田：はい。そして、その託す相手というのは、必ずしも血縁である必要はなくて、自分のことを分かってもらえる方との「縁」が大事なのだなというふうにも思いました。

相談に来られた方は、そのたった一言でも、人生の終わりに向けての心持ががらりと変わったわけです。その様子を間近で見ていて、今後はなるべく制限を設けずにいろんな方がつながることがとても大切だなと感じました。

それによって、思いが次世代につながっていくということが起こり、それによって安心して幸せに最期の時間を楽しみ、そして旅立っていけるということにつながっていくのではないかというふうに思います。

信仰心の篤い「命の国」日本

鈴木：命をつないでいくということは、ものすごく大変なことなのです。しかし、日本は命をつなぐということを非常に大切にしている「命の国」だと思うのです。
日本という国は、神武天皇から数えて今上天皇にいたるまで実に127代絶え間なく男系男子としての「命」が続いている皇室という存在があります。これは世界に冠たるもので、我々が皇室に触れると、詳しい理解がなくとも、何かそこに偉大なもの、愛に包まれてしまうような想いがするというのは、そこに皇統連綿・萬世一系の大いなる命があるからに他ならないわけです。天皇とは日本という「国の命」そのものなのです。

いまの社会状況では、個人レベルにおいても家というものを続けていくことはなかなか難しく、残念ながら絶えてしまう家も多くあると思います。しかし、皇室が国の御柱として先人たちの思いをずっと、きちんと伝えていってくださるという、これも大きな「拠り所」、我々が生きていく上での非常に大きな支えと中心になっています。また、その皇室を仰ぐことができることは、日本人としての誇りなのです。

戦後この大切な事柄を教えてくれる人は少なくなっていますが、命をつなぐというのは本当に大切なことであり、日本は「命の国」であるということ、天皇の命がずっと続いているということを、やはり日本人の皆さんには知っていただきたいと思いますね。

柴田：日本は「無宗教の国である」というふうによく言われますが、実は非常に信仰心の篤い国なのだと思います。戦後教育の影響もあり、皇室のことを言うことを嫌われる方もいらっしゃいますが、その一方で多くの方が神社にお参りすることやお寺にお参りすること、そしてご先祖様にお参りすることも同じように大切にされていますね。

鈴木さんも私もマザー・テレサに導かれていると感じていますし、大自然に畏敬の念をもって手を合わせることもあります。これらは決して節操がないということではなくて、本当の意味での信仰心があるということなのだと感じます。

鈴木：日本はおおらかな国なので、神道だけではなくて仏教もきちんと取り入れているのですね。僧侶になられた天皇様もいらっしゃいますからね。また、他の宗教や思想に対しても非常におおらかで寛容な国柄です。

この本にしても、神道と仏教の両方にお声をかけてくださった柴田さんの采配は、本当にさすがとしか言いようがありません。紅と白と言いますか、比較対象として仏教があるからこそ神道が際立つところもありますし、その逆もある。それぞれの役割があり、そのバランスの中で両方に光が当たるというふうに思います。

新田：まったく同感です。神道、仏教それぞれにある大切なところが際立つということもありますし、こうして同じ場で語り合うことで実は共通項が多くあるということも皆さんに感じていただけるのではないかと思います。

日本人というのは、自分の考え方を持ちながらも、違う考え方に対して理解を示す、認めることができる、そういうところは素直にすごいなと思いますね。

死とまっすぐに向き合う

柴田：思いがけずお二人にお褒めいただいて、なんだか面映ゆいです。

コロナ禍になって、これまで以上に多くの方が「死の恐怖」というものに直面していると感じます。でもそれは本当は今に始まったことではなくて、根底にずっとあったものが、コロナ禍をきっかけに表面化したということなのだと思うのです。

であれば、このことをきっかけに「死」というものに正面から向き合う機会をつくることができればと思いました。

新田：本当にその通りですね。答えはそれぞれでいいと思うのですが、図らずも死が身近に感じられるようになっている今こそ「死というものを真剣に考えよう」というメッセージを出したいと、私もあらためて強く感じています。

結局のところ、それがより良い「生」にもつながっていくということを、ここまでのお話の中で、おそらく皆さんも感じてくださっているものと思います。

柴田：私は「死」というものを、30年ほど前からずっとテーマにしています。でも、20年ほど前までは看取り士という肩書も嫌われましたし、「講演会のテーマに「死」という言葉は一切入れないでくれ」というふうに言われ続けてきました。もちろん本のタイトルにも入れられませんでした。

10年前あたりから、ようやく講演会でも本でも「死から生を見る」というようなタイトルが許されるようになりました。ただ、それでもやはり「死は怖いものだ」という認識はなかなか変わっていくことがなくて、2014年に船井勝仁さんと『いのちの革命』を出させていただいた時には、船井さんが「誰もが怖いと感じている死というものをきちんと見つめて、それは慈愛に満ちたセレモニーだというのは、命に対する革命だ」とおっしゃられて、それがタイトルになりました。

鈴木：たしかにこの急速な変化は「革命」と言えるかもしれませんね。今の日本は、死について、命についての教育がなされない国になってしまっているのですよね。この本がその役割の一翼を担うものとなれば、とても喜ばしいことだと思います。

3章に詳しく書きましたが、古代日本人は「死」というストレートな表現はあえてしてきませんでした。「神上がり」とか「お隠れになる」、特に出雲地方では「お国帰り」といい、「お国」すなわち霊界が存在するということを前提に表現されているのです。

柴田：死んで終わりではないということが、言葉としてきちんと示されているのですね。

鈴木：そうですね。また、黒住教の初代教祖の黒住宗忠氏は、人間の命のことを「いきどおし」と表現されました。

子から孫、孫から子へと、命はつながっていくものだということですね。

新田：そういった命のつながりが、社会の仕組み、看取り士の仕組み、私たち宗教者の仕組みというものを新しくつくっていくことで、新たなつながり方でありながら、もともとの日本らしいかたちができていく、この本はそのきっかけとなるように思います。

柴田：コロナ禍は本当に大変なことなのだけれど、ここで「死」に向き合うことができれば、すべての人が幸せな最期を迎えられる社会に向かうための変化を加速させてくれるかもしれません。

新田：これは私自身も含めてなのですが、きっと「死とはなにか」ということはそんなに簡単に答えが出るものではないことだと思います。例えば、先ほども言いましたが、お話を聞いていても文章を拝読しても、鈴木さんは驚くほど学んでいらっしゃることが伝わってきます。今回の鼎談で、私はこのことに非常に感銘を受けました。

鈴木：いえいえ、そんなことはないですよ。

新田：鈴木さんの学びの量は半端ない、多岐にわたっていてさすがだと思います。

実は高齢者の方々も同じように、すばらしいなと思う方は皆さんとてもよく勉強されるのです。たとえ余命宣告を受けていても学ぶ姿勢をずっと持っていらっしゃる。お若い方ですが柴田さんの姪御さんも、最期まで本を読んで学び続けられていましたね。

柴田：たしかに、おっしゃるとおりですね。

新田：柴田さんにしても、これだけの実績をお持ちになりながら、謙虚に学び続けていらっしゃいます。

仏教では、生まれることは喜びであると同時に、死ぬまで続く苦しみ、つまり修行の始まりだというふうに言います。修行というのは、すなわち学ぶことなのですね。そしてそれが死ぬまで続くということは、生きているうちは完成することはなく、ずっと最後まで学びは続くということなのです。

皆さんにもそれぞれに様々な悩みや問題があると思うのですが、すぐに解決できる悩みもあれば、少し横に置いておいてもいい悩みもあるでしょう。でも、この「死とはなにか」「生きるとはなにか」というような本質的な問いは、ずっと悩み考え続けていくものだと思います。つまり、答えが出ないことに焦る必要はないということです。

それよりも、小さな悩みにひとつずつ丁寧に向き合いながら、日常を大切に生きながら、そこに小さなヒントを見つけていく、そのような付き合い方をしていくということもとても大切なところではないかと感じています。

鈴木：過分なお褒めの言葉をいただきありがとうございます。
何事からも学ぶ姿勢を忘れず、自身の日々の職務に全力であたっていきたいと心を新たにしました。

柴田：やはり、まずは日常を大切にすることというところに戻ってくるのですね。

私も今の自分にできること、まず何度かお話に出てきた「胎内体感」をできるだけ多くの皆さまと共有したいということ。そうすることできっと、心穏やかに過ごせるようになっていただける方が増えることを願っています。

そして、医療従事者の方や大切な人を亡くされた皆さまの心の癒しにつながるよう「カフェ看取りーと」にも力を入れていきたいと思っています。

あっという間にお時間となってしまいましたが、二度にわたってこのような貴重なお話ができました恵みに感謝いたします。

新田：こちらこそ、ありがとうございました。

鈴木：ありがとうございました。

様々な活動を通じて、これからもお二人とご一緒できることが楽しみです。

どうぞよろしくお願いいたします。

柴田：お付き合いくださいました読者の皆さまにも、心より御礼申し上げます。

本当にありがとうございました。

特別収録

看取りは愛に満たされた空間

柴田久美子・榎木孝明による対談

※本対談は映画『みとりし』の撮影を九割方終えた2018年7月13日に行われたものです。

同じものをお互いのなかに見た

――榎木さんと柴田さんとの出逢いはいつのことですか？

榎木：十数年前のことですが、統合医療という新しい医療を追求する人たちのグループで泊りがけで行く隠岐諸島のツアーがあり、そこで初めて柴田さんにお逢いしました。

――柴田さんとはどんなお話をされたのでしょうか。

榎木：話の内容についての記憶は曖昧ですが、一日中話をしたことを覚えています。

私は興味があるところはしつこく詰める性格なのです。インドが好きで13回くらい行っているのですが、一人旅で行きと帰りのチケットだけで一カ月間ふらりと出かけ、気ままな旅をしていました。

仕事での取材旅行ではなくまったくの個人的な旅で、興味がわくことがあると、現地の人や観光客に関係なく聞きます。ときには現地のお宅に泊めていただいて話し込むこともありました。

柴田さんとの出逢いは、いわばそんな旅の延長で、〝看取りとは何？〟ということに非常に興味があったので、なかなか帰らなかったのだと思います。

――看取りに興味を持たれたのは、小さいころからの何か土壌のようなものがあったのでしょうか？

榎木‥私の祖母は毎朝毎晩、仏壇の前に供え物をして〝南無阿弥陀仏〟と手を合わせていました。その姿をずっと見て育ちましたから、仏様の存在や人の生死といったことが身近にありました。

私の生まれは鹿児島の片田舎なのですが、祖母が死んだときも自宅で看取っていますし、葬儀も自宅で近所の人たちが集まって行い、お墓は土葬でした。昔はそれが普通だったと思います。

日本人は古来、仏心がちゃんと根底にある民族だったと思うのですが、時代とともにどんどん死が自分たちの手元から遠のいていったのではないでしょうか。葬儀社が葬儀のすべてを管

理し、葬儀場で葬儀をし、火葬場に遺体を運んで、骨壺を持って帰って来るという形になってしまいました。

そういう時代の流れに対して、自分の中に大きな疑問があったんですね。それで、生死の根源を求めて、インドへ一人旅をしたり、ヒマラヤに一人で入りトレッキングしたりといったことをしてきたように思います。

ある種の修業のような旅でした。しかしそれらの旅は、自分の意思に関わらずさせられている感覚が昔からあったのです。だから看取りにも同じ匂いを感じて、スーッと引き寄せられるように柴田さんと話し込んだのだと思います。

――柴田さんは最初に榎木さんとお会いしてどのような印象を持たれましたか？

柴田：私は榎木さんの中に、多くを語らなくてもすでにお互いに深く理解できているものを見ていたように思います。

インドへの旅と同じ目的をもって島にお越しいただいたというのは覚えています。「どうしてここなんですか？」とお聞きしたら、「いろんなところへ行ってきたんだけれど、ここには同じ匂いというか雰囲気がある」というふうにおっしゃられていました。

私自身は実はインドにも行ったことがなくて、とにかくひたすら日本で生きてきた人間ですが、ああ、きっと同じものを求めていらっしゃるんだなと、そのときに感じました。もっと言うなら、同じものを求めているのではなくて、すでにお互いの中にある同じものを見たのです。

榎木：左脳的なものよりも右脳的な感覚をいつも大事にしたいと思っているのですが、現代の日本は左脳を中心とした社会です。学校教育もそうですが、記憶することがとても大事だったり、計算することが長けている人が重用されたり……。

でも、そうじゃない部分も本当は大事なんだよということを認めてもいい時代になってきたように思います。そういうことをお互いに肌で感じたんでしょうね。

柴田：私自身は島で風を感じて海を感じて、つまり右脳的な感覚で暮らしていたせいか、そこにいらしていただいても違和感が全くなかったのです。

私にとって、俳優で有名人である榎木さんはとても偉い人なんですね。スタッフも緊張してどうしよう、どうしようという感じだったのですが、お会いしたとたんにバランスが取れるというか、スッと入っていけたのです。

だから、初対面なのに「映画をつくりましょうね」という話をしていました。看取りのシーンはドキュメンタリーでは限界があるし、本でも限界があるので、映画を作りましょうねと、まるで当然のことのように話していました。

榎木：ただ、正直なところ、いつかは実現したいなという希望はあったのですが、そのまま十数年が経ってしまいました。

そして、やっと時代が追いついてきたのかなという気がします。ある意味機が熟した結果、今に至っているのでしょうね。

終末期医療の是非

――映画はどんな場面から始まるのですか？

榎木：この映画の冒頭は、実は私が自殺をしかけるところから始まるんですよ。踏切があって、そこに飛び込もうとする。非常に意味深なシーンで始まっています。その後、亡くなった同僚のお墓参りに行ったときに看取り士さんに出会ったところから人生が大きく変わっていくんです。

誰しも迷いがある時期はあるのかもしれませんが、その時期に生と死のことをちゃんと考えることがないのでしょうね。そういった意味で、この映画の果たす役割はとても大きいように思います。

私の同級生に、昨年息子さんが自殺された方がいます。私も知らない仲ではなかったので、もうちょっと早くそういうことに気づいてあげられたら相談に乗れたかもしれないのだけれど、残念ながら連絡をもらったのは亡くなられた後だったんです。

6年前から自殺者が年間3万人を割り込みましたが、それ以前の14年間は3万人をずっと超えていました。生と死の本当の意味を知らないままに、自殺に走る人たちが多いことは本当に辛いものです。

まだ若いうちに自分の命を絶ってしまうのは、やはり許されないことだと思います。でも、自殺する人を止められない世の中なんですね。東京では毎日のように人身事故で電車が止まります。そのほとんどが飛び込みですから。

実は私自身も三十代の頃に、生きていても仕方ないという思いを持った時期がありました。人間どこかの時点で死にたいと思うことはあるかもしれませんが、それを受け止めて、ともに悩み考えてくれる人が一人でも周りにいれば、状況は変わってくるのだと思います。でも今はそういう人がいない、孤独を感じている人がとても多くなっているのだと思います。

――映画には現代の医療の問題点なども描かれているのでしょうか？

榎木：終末期医療については昔に比べれば充実しつつありますけれど、たまに病院に見舞いに行くと、チューブにつながれた患者さんをたくさん見ます。本人の意思とは関係なく命を長引かせることだけが重要になっているのも現実だと思います。最先端医療という言葉だけでひとくくりにして命を長らえさせるのではなく、何が本当の意味での最先端かということを医学界、医療界だけでなく、日本の国全体が考えて議論できる時代に早くなってほしいと思っています。

そういう思いを抱いていたなかで『みとりし』の映画化が実現しました。私としてはこの映画をきっかけに、命の尊厳という観点から、多くの人が語り合える機会が増えていくような気がしています。

私の母親は二年前に亡くなりました。その前に、病院や施設を転々としなければならなかった。職員の方はよくしてくださったのですが、三カ月しかいられないなどの規則があって、死にゆく人に対して決して優しい制度ではない部分を多く感じたのも事実です。

私の周りでも最近余命宣告をされる方が増えていて、その人たちのことを聞くにつけて、正直なところ本当にその人と家族が幸せな状態で最期を迎えられるのかという疑問はあります。

日本ではまだ「尊厳死」という言葉はなかなか使えません。医者の対応次第で下手をすると殺人罪になりえる。国によってはきちんと尊厳死が認められているし、私の個人的な希望としては、早くそんな話し合いを持てる国になってほしいと思っています。

自分の意思で、自分の意識があるうちに「ありがとう」と言って死んでいくことも素敵なことなのではないでしょうか？

――ただ、やはり死ぬことは恐ろしいと感じてしまいますが……。

榎木：映画には若い青年医師が出てくるのですが、延命処置について葛藤を抱えて思い悩むシーンがあります。その医師は看取ることに対しても勇気が持てなかったのですが、看取り士と出会うことで変わっていきます。

現実の医師のなかには死を恐れている人もいます。死の本当の意味がわかっていない医師が多いかもしれません。お坊さんもそうです。説法をする割には死を恐れている人も実際にはいらっしゃいますね。

柴田：そうですね。

実はいま日本では、医療費の増大を抑える意味でも、在宅での看取りにシフトしていくことを国全体の大きな目標として掲げています。そのため、私たちの提案している自然死（在宅死）を緩やかに広めていこうという医師会も出てきていて、先日、そんな医師会で講演をさせていただいたのです。

すると、講演の後、一人の開業医の先生が手を上げて「実は僕も死ぬのが怖い」と言ってくださいました。とても勇気が必要なことだったと思います。医師が何百人もいる前ではなかなか言えないことです。それをおっしゃってくださったんですね。

そして、自分が開業したのは死を見たくないからだと。勤務医をしているとローテーションで必ずどこかで亡くなる人にあたってしまいます。でも、病院を開業して通院患者だけの受け入れにすると死に遭遇することはありません。もしも重い病気の人が来られても大病院を紹介すればよいのです。

「柴田さん、どうしたら死を克服できるんですか？」と質問される先生に、私は、「先生、その時になればお迎えが来ます。来るまでは死なないので、緩やかにお待ちください。そうなれば、もう全然怖いとは思わなくなるので、いま怖がらなくてもいいですよ」とお話しさせていただきました。

こんなことをたくさんの医師の皆様の前でさせていただけるようになってきています。日本でも少しずつ死に対する認識が変わってきているなというのは、そんな講演会を通してもわかります。

死に対する認識とは？

榎木：日本というのは仏教国で、それぞれ生まれたときから仏心を身近に感じていながら、死に対する恐怖がぬぐいきれない不思議さがありますね。

アメリカはもっと先を行っています。アメリカでは前世療法というのがあって、これは死に対するトラウマを取る方法として一般医療の中に1980年代から確立されました。ブライアンL・ワイス博士という精神科医が、被験者のトラウマがなかなか取れないので、その意識をどんどん若返らせていったところ、赤ちゃんを通り越して過去世にたどり着いてしまったんですね。そして、その過去世でのトラウマと関係があることを体験すると、その瞬間に全部取れていくことがわかったのです。

たとえば、高所恐怖症の人が過去世で高い所から滑落して死んだ経験があったとすると、その場面を追体験させた瞬間に高所恐怖症が取れるんです。どんな医療でもなしえなかったことが、過去世を紐解くことで解消されていく。こういった療法が、アメリカではわりと普通になされているんですね。

ところが、日本ではなかなかそういったことが認められなくて、２０００年以降になってからも、そういった話をすると医師から奇異な目で見られました。親しい医師と話していて、そういう話題になったとたん、「それはいけない」と言われてしまいました。

——先ほど柴田さんから「お迎えが来る」というお話がありましたが、看取りをされていてそのようなご体験があったということでしょうか？

柴田：沢山あります。たとえば、私の母を看取った時には、「あなたが私を抱きしめて、いつも「大丈夫」と言っている意味がわかったよ」と。「こっちの世界にはあなたがいるから大丈夫。あっちの世界に行くとお迎えの方々が沢山いてくれるから大丈夫」と言ってくれたんです。

そういう話は、あまり耳にしないだけでほとんどの人が体験なさっていることです。私は沢山の話を聞かせていただいているので、お迎えというものは100%あることだと思っています。

たとえば事故に遭って急死したとしても、瞬時にお迎えが来ます。詳しいことは分かりませんが、あの世の時間軸というのは、私たちの概念とは全く違うところにあるんじゃないかと思います。

幸齢者さんも若い人も、私は抱きしめながら見送りますが、どなたもその短い時間の中で死を受け入れて魂が磨かれていくんです。魂が磨かれて、生まれてきたときと同じようにピュアになったときにお迎えが来ます。そういう意味では、死は第二の誕生と言ってもいいのかもしれませんね。

多くの方を看取っていると、もうすぐあの世に逝かれるんだなというのが感覚としてわかります。それはおそらく経験値だと思います。見えるわけではありませんが、周囲の雰囲気や空気感といったものが変わっていくのです。ご本人の表情というか、その方が持っている「気」が変わるんですね。

もうすぐ逝かれるという時間は、物理的には身体が衰弱して意識もなくなっている場合がほとんどですから、言葉は話せない状態です。でもきっと、その時間は向こうの方とお話をされていて、それが楽しいのだろうと思います。お顔を見ているととても穏やかで柔和でキレイになられるので、あちらの世界はよっぽどいいんだろうなと私はいつも思っています。そして、そんな様子に接しているうちに、「逝かないで」と引き止める言葉はかけてはいけないのではないかと思うようになりました。

看取り士さんたちも最初は不思議に思うようですが、とくに若い方たちは抵抗なく自然にそういった現象を受け容れていかれるように思いますね。

看取りは愛に満たされた空間

榎木：看取り士さんで一番若い方は何歳ぐらいですか？

柴田：一番若い方は18歳。高校を卒業したばかりです。今十代が二人いますね。看護学校生がきています。

18歳の方は、実は小学校のときにお姉さんが白血病で亡くなっているんです。それも自分が一緒にベッドで寝ていて、抱いているうちに息を引き取られたそうです。それからずっと「看取りってなんだろう。自分が抱いて送った姉は幸せだったのだろうか？」と思って生きてこられたのですが、それはもう、一番幸せですよね。

――ところで、看取り士は国家資格ではなく、任意で活動されているとのことで、運営面でもご苦労も多かったのではないでしょうか？

柴田：ずっと苦労続きですね。でも、私自身はあまり苦労だと思っていないところがあって、その分スタッフさんがめちゃくちゃ苦労しています。

アパートの一室を事務所にして、社員一人とパートさん四人で仕事をしています。それだけの人数で３６０人（２０１８年現在）にもなった看取り士さんの管理をしているのです。

看取りの派遣の要請が入ると、まず誰に行っていただくかを判断します。看取りは基本的に二人で担当します。その地域で一時間圏内で行ける看取り士マップを作っていて、その二人に連絡を取り、その出発から看取りを終えるまでを管理します。

また、その後一週間分のエンゼル派遣というのがあるんですね。ボランティアで付き添ってくださる方々、エンゼルチームといいます。その人たちのご都合を聞いてスケジュールを作り、管理します。

この活動を始めた当初、私は自ら看取り士と名乗り、ボランティアで旅立つ方のそばで手を握ってくださる方々を探しました。一人の方に10人のボランティアを集めたい。そう願って地域を回り民生委員さん、地元の議員さん、ボランティアのグループの皆さんにお会いしました。そしてエンゼルチームを作り上げました。一人は皆の為に、皆は一人の為に。それがこの活動のスタートです。

昔はマクドナルドで店長をしていて、精神はボロボロでしたが金銭的なゆとりはありました。それが27年前に「愛こそ生きる意味」という啓示を受けてこの活動を始めたのですが、その時からすっかりお金儲けが下手になりました。今の私はお金ではなく夢を追いかけています。全ての人に「ああ、いい人生だったな、愛しているよ、ありがとう」と言って旅立てる最期を準備することが私の夢なのです。

――今までたくさんの方を見送ってこられたと思うのですが、最も印象に残っている方のことを教えていただけますか？

柴田：印象に残っているのは、臨終が死ではないことを教えてくださった方ですね。その方は私が看取った34人目の方でした。生涯独身で身寄りがなく、ご兄弟はいらっしゃるけれど音信不通。私が寄り添って、最期は7時間抱いて送らせていただきました。

こんな言い方をしたら失礼かもしれないのですが、魂には大小がある。それによって最期の旅立ちのときの熱量が違う。それを教えてくださったのがその方なのです。

人は生まれたときにもらってきた魂を大きくして亡くなっていくわけです。人が亡くなると冷たくなると思われていますが、それは違います。その時寄り添っていると、温かさが伝わり、感動とともに命のバトンが渡されることが分かるのです。

ただ、それまでの私はそれに大小があるということは分からなかった。みんな同じだと思っていたんです。でもその方を抱いたとき、本当に燃えるように熱かった。驚くほど熱が出て、心の底から感動して、旅立たれた後も7時間ほど、話すこともできずにじっと同じ姿勢のまま抱き続けていました。それは感動的な看取りでした。私に新しい看取りの幕を開けてくださったのです。
もうお一人は、水蒸気のようになって魂を見せてくださった方です。霧のようになって、お部屋の電気にあたってキラキラと光るんですよ。それをずっと見つめていると、そのキラキラが愛に変わるのが分かりました。その愛の光が部屋中いっぱいに満たされていくんです。
空海は「空間を愛」と言ったそうです。「空海は修業してその言葉をつかんだけれど、柴田さんは看取りの現場でそれを見たんだね」とある方におっしゃっていただきました。27年かかってわかったことです。

榎木：すごいお話ですね。そのうち僕がもう少し年をとったら、看取り士を予約することってできるのですか？

柴田：はい、できますよ。

榎木：わがままかもしれませんが、「この人とは気が合うな、ぜひこの人に看取ってほしい」という人にお願いしたいものです。

柴田：実は派遣しても、「ごめんなさい、この人は駄目。チェンジしてください」というケースはあります。どうしても相性というものはありますから。だから大丈夫です。

それに、実際にはご家族に看取ってほしいという方がほとんどです。そういう時には、看取り士がご家族に看取りの方法を教えるということをしています。

榎木：映画でも、自分の奥さんががんで余命宣告を受けたという男性に、そういうレクチャーをしているシーンがありますね。

時代に必要とされる映画に

――映画のお話が出てきましたが、最後に映画『みとりし』についてお聞かせください。

榎木：この映画には三つの段階があります。自殺志願の男が結局死にきれないで迷っているときに看取り士と出逢って、興味をもって看取り士になっていくまでが第一段階。それから5年が経ち、自分は看取り士として活動しているところに新しい女の子が看取り士の資格を取って赴任してくる。それが第二段階。第三段階は自分自身ががんにかかって……。

柴田：温かい雰囲気に包まれた映画になると思いますね。

榎木：撮影は温かくて楽しい雰囲気です。
　今回は若い子たちが一緒なのですが、看取りというテーマにとても興味を持って真剣に向き合ってくれていることが嬉しいですね。

柴田：看取りの場面の時に、監督が「じゃあ榎木さんに任せるよ。好きにやってください」とおっしゃって。そして、監督と一緒に私もモニターを見ていたんですね。
　そうしたら、監督が先にポロッと泣かれて、私もつられて泣いて、後ろを見るとそこにいた人たちみんな泣いていました。

榎木：そうでしたか。この映画が時代が必要とすることとぴったり合って、多くの方に見ていただければいいですね。

あとがき

真の霊性回復に向けて

鈴木哲司

基本的に医療は生きている人を対象として行われるものですが、法医学、救急医学、看護はご遺体に対する領域に一部踏み込むものです。

法医学は、死者に対して司法解剖や病理解剖を通じた医療が行われます。また救急医学は、生と死の狭間である境界領域での医療が実施され、死者を蘇生させて命を救う医療がなされています。看護では、患者さんへのエンゼルケア（死後の処置）を通じて死者と関わります。死者の魂に重点を置いたケアではなくご遺体の腐敗防止と尊厳から行われるケアです。

わが国がかつて経験したことがない多死社会を迎えようとしている今、人々が健やかに過ごすためには、医療専門職が積極的に人が死んだ後の「魂のゆくえ」を学ぶ必要があるのではないでしょうか？

現代は医療と宗教の融合が求められる時代であり、そのつなぎ役となり得るのが「看取り士」であると私は考えています。

神道古典（日本書紀・古事記）によると、古代日本人はこの世とあの世を垣根なく自由に往来していたとの記述があります。死が現在よりもずっと身近な事柄であったということです。

わが国は医学の発展や医療技術の急速な進歩により乳幼児死亡率が低下し、平均寿命が延びて男女ともに世界トップクラスです。

そして今日では、平均寿命を延ばすだけでなく健康上の問題がない状態で日常生活を送れる期間である健康寿命をも延ばし、不健康である期間を減らすことが重要であるといわれています。健康寿命の維持には、肉体的な健康だけでなく霊的な健康とのバランスが大切です。霊的な健康を維持するためには、信仰を抜きにはあり得ないと考えます。

近年、スピリチュアルを謳いながら信仰を有しない人が多く存在し、その人たちが主張する「引き寄せ」等というものは単なる物欲を満たすことでしかありません。また、「龍使い」といい人間が龍神様を使うという恐れ多いことができましょうか？神職として神様を使うなどということは決してあり得ず、大変罰当たりなことだと思います。

わが国を日の本（ひのもと）と称するのは霊の本（ひのもと）の意味であるともいわれます。古来日本人は何事においても霊性を第一に重んじる「霊主体従」と呼ばれる伝統的な価値規範を有しているのです。

今、日本人の真の霊性回復が求められています。そして、この霊性回復は大切な人の死や看取りを通じて行われることが一番の近道なのです。

本書を通じて、今一度自分の「命」にじっくりと目を向けてみてください。自分の命がこうして存在することが、いかに奇跡の連続であるかということがきっと実感できるものと思います。

急速なスピードで迎えようとしている多死社会を恐れることなく、穏やかに「神人和楽」の境地で過ごすことができるよう、本書が読者諸氏にとって少しでもお役に立てば幸いです。

最後になりましたが、このような機会をおつくりくださった柴田久美子さん、新田崇信さんのお二人に心より感謝申し上げ、あとがきとさせていただきます。

誰もが安心して旅立てる社会作り

新田崇信

思い返せば、日本看取り士会の新宿研修所にて、所長の中屋敷妙子さんから「看取り学初級」を学ばせていただいたのが「看取り士」の世界との出会いでした。そこでは、柴田さんの経験や今までの活動、そして培われてきた死生観ともいえる「看取りの心」を丁寧に教えていただきました。

「看取りは日本の古来からある文化の一つ」という言葉に深い感動を覚え、中級講座、上級講座へと学びを深めていくことになりました。特に、「看取りを取り巻く環境」の変化を、3つの時間軸（過去・現在・未来）に分けて整理していただいたことによって、仏教やお寺と比べながら学びを深めていくことができ、とても有意義な時間を過ごさせていただきました。

そんな折に、柴田会長から本書のお話をいただき、自身の学びを深めたいとの思いもあってありがたく受けさせていただくことにしました。私で務まるものだろうかと不安を感じながら鼎談に参加させていただきましたが、初対面にもかかわらず、とてもあたたかく和やかな雰囲気で話が進み、最初に感じていた不安はいつの間にか消え去っていました。

柴田さんの声のトーンは、まさに「やさしく」といった雰囲気があります。看取り学での大切なキーワード「やさしく　やさしく　やさしく」を体感したようなひとときでした。

また鈴木さんは、日本の伝統文化を愛し、神道だけではなく、仏教にも造詣の深い方で、お話をじっくり聞かれる姿や発言される言葉から、教養の深さと大きな優しさを感じました。

「人」が場の空気や雰囲気を作っていくというふうによく言われますが、お二人のおかげで優しい雰囲気に包まれ、心地よい空気を感じる鼎談となりました。

話は変わりますが、社会を見渡してみると、長寿化やライフスタイルの変化に伴って家族のあり方の多様化がどんどん進んでいます。そしてその結果として、ある調べによると、２０２５年には単身者世帯が１９９６万世帯にまで増加するとの予測がされています。

まさに「無縁社会」ともいえる社会状況になりつつある現在、僧侶として法事や葬儀にお参りに伺うと、参列者が誰もおられないことがあります。

身寄りがおられず単身で亡くなられたお葬式ということもあれば、連れ合いが入院中で参列できないということもあります。また、そこまではいかなくとも、参列者がお一人だけという葬儀や法事も少なくないというのが実際のところなのです。

単身者世帯では日々の会話量が極端に少なくなるために、認知や病気が加速するといった懸念もあるといいます。このようなお話をすると、これまでは

「えっ?」といった驚きの声が多かったのですが、最近では「他人事ではない」という声の方が多くなってきました。

そんな今、お互いに認め合い支え合う共生社会の実現を目指し、血縁だけではなく、個人と個人が知縁として繋がり、本当の意味での「結縁《けつえん》」という関係を広げていくことがとても大切になります。

そして、家族の有無に関わらず、誰もが幸せに暮らし、安心して旅立てる社会を作っていくことが、どうしても必要だと思うのです。

「死」を学ぶことを通して「生」を学ぶ。

本書をきっかけに、誰もが安心して旅立てる社会作りの活動をより進めていきたいと思っております。

大丈夫、あなたが一人でも

柴田久美子

この本を手に取ってくださった皆様に、まずは心から御礼申し上げます。

お忙しい中、執筆、鼎談のお時間をいただいた鈴木哲司様、そして新田崇信様に、心から感謝を申し上げます。

また、貴重なお時間を割いて対談くださいました榎木孝明様にも感謝をお伝えしたく思います。榎木様は、私の癌告知を受けて突然の「映画を創り、自宅での幸せな死についてお伝えしたい」という何時もながらの無謀な挑戦にお付き合いくださり、映画『みとりし』の主演を務めてくださいました。そのご縁から本書に対談を収録させていただくことができ、大変嬉しく思っています。

本書はひとえに皆様のご尽力によって誕生いたしました。

新型コロナウイルスの影響の中、行動制限があるにもかかわらず本書が生み出されたことは喜びにたえません。本書を手にしてくださった方々のもとに、日々の暮らしの中にある、たしかな希望をお届けすることができたと思います。古き良き日本の文化を取り戻していくことで、自宅で幸せに死を迎えることが可能であることを、本書を通じて多くの皆様にお伝えできれば幸いです。

私を支えてくださる１４０５人の看取り士の皆様、無償ボランティアエンゼルチームの皆様、そして私の多くのご先祖の皆様、父母、兄、姉、子供たち、甥、姪……と、数え挙げればとどまるところがないほど多くの皆様に支えられて私は今、生かされております。

命までも私に差し出し、看取ることを教えてくださった幸齢者の皆様。看取り士柴田久美子として生きて30年、ただただ感謝の一言に尽きます。

『大丈夫、あなたが一人でも』

私はいつでも、いつまでも、あなたのもう一人の家族として傍にいます。そんな想いでこのタイトルを付けました。

生きるとは感謝を重ねること。これからも「ありがとう」の言葉を皆様に捧げながら「すべての人が最期、愛されていると感じて旅立てる社会を創る」ために活動を続けてまいります。

最後になりましたが、私のわがままを聞き届け本書の出版を決断してくださいましたきれい・ねっとの山内尚子様、そして榎木様との対談にご尽力いただきましたアートヴィレッジの越智俊一様に深い感謝を捧げます。

すべての尊い命
やさしく やさしく やさしくと唱えながら
コロナウイルスの一日も早い収束を祈ります。
感謝 合掌

著者プロフィール

新田崇信（にった　たかのぶ）

滋賀県長浜市生まれ。

一般社団法人恩送り代表理事
大慈山佛心寺副住職
三〇〇年以上の歴史を持つ滋賀県長浜市の古刹、大慈山佛心寺に生まれ、九歳で得度する。

二〇一〇年、東京布教所を開設。

宗旨、宗派の垣根を超えて、有志の僧侶や神職が集まり、支え合う社会・認め合う社会の実現を目指す「一般社団法人恩送り」を創設し、代表を務めている。

無縁社会ゼロを目指す一助となる活動として、二〇一九年より引き取り手のないご遺骨のお預かりを開始。

二〇二一年より次世代の共生社会を目指す活動として、東北大学医学部との共同研究をスタートさせる等、精力的な活動を続けている。

恩送りサイト　https://onokuri.or.jp

鈴木哲司（すずき　てつじ）

新潟県村上市生まれ。
熊野神社禰宜
一般社団法人日本救急救命士協会・会長
鈴鹿医療科学大学・教授　博士（健康情報科学）
地域医療連携推進法人医療戦略研究所・医療チャプレン
大学教授として救急救命士の教育に携わり、千葉県長南町に鎮座する熊野神社の神職として「人間の生死」に関わる悩み苦しみに〝救いの神事〟を行う日々。死後の〝みたま〟の落ち着くところや霊界について講演を行い、戦後塞がれた日本人の〝大和心〟の覚醒を行っている。

多死社会を迎えた今、福島県いわき市で救急医療と神道の狭間で『命』を見つめてきた経験を活かし日本では珍しい神職の医療チャプレンとしても活躍している。これまでに一三〇〇人の救急救命士を育ててきた。

自殺によって落ちた「みたま」、この世に生まれることができなかった水子霊（流産・死産・中絶）の「みたま」をお救いする慰霊祭や祖霊浄霊祭を行っている。霊界の浄化が使命であり、落ち苦しむ「みたま」にお光をあて、霊格の向上と救霊を行っている。

著書に『命が消えたらどこへゆくのか』（二見書房）他多数。

HP　https://inochi-katarib e.com/

柴田久美子（しばた　くみこ）

島根県出雲市生まれ。

一般社団法人日本看取り士会会長
日本マクドナルド㈱勤務を経てスパゲティー店を自営。

平成五年より福岡の特別養護老人ホームの寮母を振り出しに、平成十四年に病院のない六〇〇人の離島にて、看取りの家を設立。本人の望む自然死で抱きしめて看取る実践を重ねる。

平成二十二年に活動の拠点を本土に移し、現在は岡山県岡山市で在宅支援活動中。全国各地に看取り士が常駐する「看取りステーション」を立ち上げ、新たな終末期のモデルを作ろうとしている。また、全国各地に「死の文化」を伝えるために死を語る講演活動を行っている。

令和元年九月には、死生観を伝える映画「みとりし」全国ロードショー。令和二年四月、株式会社日本看取り士会設立　同代表取締役。セコム株式会社と連携をした見守りサービスなど、新たな派遣サービスをスタートさせた。

著書に『いのちの革命』（船井勝仁氏との共著　きれい・ねっと）他多数。

公式サイト　http://mitorishi.jp/　http://mitorishihaken.jp/

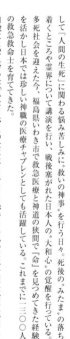

この星の　未来を創る　一冊を

きれい・ねっと

大丈夫、あなたが一人でも

二〇二一年六月二十一日　第一刷発行

著者　新田崇信
鈴木哲司
柴田久美子

発行人　山内尚子

発行　株式会社　きれい・ねっと
〒六七〇-〇九〇四　兵庫県姫路市塩町九一
電話　〇七九-二八五-二二五一
ファックス　〇七九-二二二-三八六六
http://kilei.net

発売元　株式会社　星雲社（共同出版社・流通責任出版社）
〒一一二-〇〇〇五　東京都文京区水道一-三-三〇
電話　〇三-三八六八-三二七五
ファックス　〇三-三八六八-六五八八

ISBN 978-4-434-29096-1